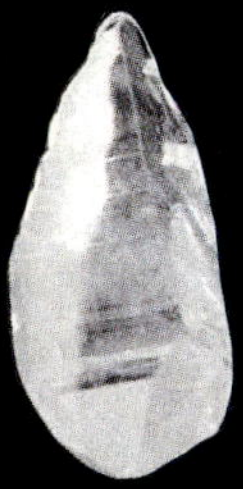

Bergkristall

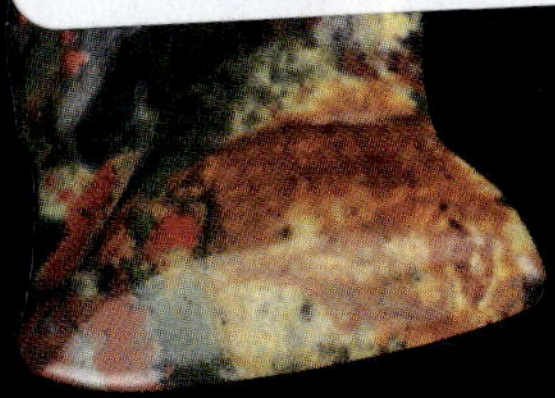

Buntjaspis

Chalzedon

Dendrit

Fluoritoktaeder

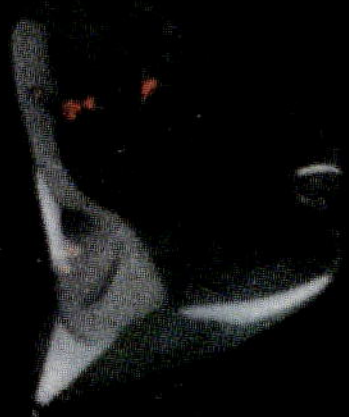

Heliotrop

Dunkelgrüner
Jaspis

Markham **Universelle Kräfte der Edelsteine und Kristalle**

Ursula Markham

Universelle Kräfte der Edelsteine und Kristalle

Aus dem Englischen
von Ursula Fassbender

IRISIANA

IRISIANA

Eine Buchreihe herausgegeben von
Margit und Dr. Rüdiger Dahlke

Die Originalausgabe erschien unter dem Titel
The Crystal Workbook
bei Thorsons Publishing, Wellingborough / England

Die Deutsche Bibliothek – CIP-Einheitsaufnahme
Markham, Ursula:
Universelle Kräfte der Edelsteine und Kristalle / Ursula
Markham. Aus dem Engl. von Ursula Fassbender. – 3. Aufl. –
München : Hugendubel, 1993
(Irisiana)
Einheitssacht.: The crystal workbook <dt.>
ISBN 3-88034-684-4

7. Auflage 1993

Umschlaggestaltung: Zembsch' Werkstatt, München,
unter Verwendung eines Fotos von Peter Kapfhammer
Produktion: Tillmann Roeder, München
Satz: Hesz Satz Repro, Augsburg
Druck und Bindung: Wiener Verlag, Himberg
Printed in Austria

ISBN 3-88034-684-4

Inhalt

Einführung

Obwohl das Interesse an der Kraft von Edelsteinen und Kristallen relativ neu erwacht ist, war das Wissen, das hinter dieser »Entdeckung« steckt, bereits in so alten Zivilisationen wie Lemurien und Atlantis bekannt.

Die Bewohner von Atlantis benutzten die Kraft und Energie von Quarzkristallen in allen Bereichen ihres täglichen Lebens. Zusätzlich wurden Kristalle von den Priestern bei allen Formen der Heilung, ob geistig, physisch oder emotional, benutzt.

Leider wurde die Kraft und Energie, die Kristallen innewohnt, mit der Zeit mißbraucht. Dies führte wiederum dazu, daß diese Energien instabil wurden und schließlich die Vulkanausbrüche auslösten, die Atlantis vollkommen zerstörten.

Später wußten die Ägypter – und insbesondere die Priesterschaft dieser Zivilisation – um den Gebrauch von Kristallenergien zu Macht- und Heilzwecken. Zusätzlich benutzten sie, wie auch die Azteken und Inkas, Halbedelsteine als Mittel zur Weissagung. Die Seher und Wahrsager dieser Epoche waren in der Lage, den Menschen, die sie um Rat fragten, Führung und Hilfe zuteil werden zu lassen – eine Begabung, die mit den Jahrhunderten verschwand und erst kürzlich wieder auftauchte.

In den letzten Jahren erwachte das Interesse an Kristallen und Edelsteinen und den Kräften, die sie enthalten, aufs neue. Überall auf der Welt entdeckt man, daß diese Kräfte tatsächlich für das Wohl der Menschheit eingesetzt werden können – besonders in Hinsicht auf Heilung und spirituelle Entwicklung.

Wir haben keineswegs bereits alles gelernt, was es zu lernen gibt. Dieses Arbeitsbuch kann Ihnen nur die Information übermitteln, die wir bereits besitzen. Es beabsichtigt, Sie darin zu unterstützen, mehr über Kristalle und Edelsteine und die ganz spezielle Energie, die sie beinhalten, zu entdecken. Wer weiß, welche Entdeckung diejenigen von Ihnen vielleicht machen werden, die lernen, sensitiv und bewußt und zum Wohle der gesamten Menschheit mit Edelsteinen zu arbeiten?

I

Meditation

Menschen meditieren aus vielen verschiedenen Gründen. Einige benutzen Meditation zur Lösung von Spannungen, und obwohl keiner behaupten würde, daß Meditation allein die besonderen Probleme verändern kann, mit denen der einzelne konfrontiert ist, besteht kein Zweifel daran, daß Meditation sehr stark dazu beiträgt, wie der einzelne mit diesen Problemen fertig wird. Denken Sie an den gestreßten Angestellten, die überforderte Mutter, den hart arbeitenden Studenten. Selbst wenn Sie noch so viel meditieren, kann die Meditation die Arbeit, die Sie im Laufe eines Tages, einer Woche oder eines Monats zu erledigen haben, nicht ändern, aber sie kann dazu beitragen, Ihre Pausen sinnvoll zu nutzen, die Augenblicke der Entspannung, die in jedem Leben vorhanden sind, egal wie ausgefüllt es ist. Obwohl Meditation noch nicht in dem Umfang akzeptiert wird, wie dies hoffentlich eines Tages sein wird, baut sich trotzdem allmählich das Vorurteil ab, das viele Menschen der Meditation gegenüber hatten.

Meditation ist auch wesentlicher Bestandteil der Persönlichkeitsentwicklung derjenigen, die eine höhere spirituelle Bewußtseinsebene erlangen wollen. Vielleicht wollen diese Menschen eine größere psychische Bewußtheit erlangen. Vielleicht wollen sie sich zu spirituellen Heilern entwickeln. Vielleicht möchten sie aber ganz einfach ihr eigenes Selbstbewußtsein vertiefen, um ihr eigenes Leben zu verbessern – und dadurch die Leben ihrer Mitmenschen.

Welcher Grund auch hinter dem Wunsch zu meditieren steht, es gibt keinen Zweifel daran, daß dieser Prozeß sehr stark unterstützt wird, wenn man Kristalle in Verbindung mit der Gedankenkraft benutzt. In diesem Fall ist es üblich, entweder den Quarzkristall oder den Amethyst oder in manchen Fällen den eigenen Geburtsstein zu verwenden. Natürlich besteht der erste Schritt darin, klar zu entscheiden, zu welchem Kristall Sie sich hingezogen fühlen.

Wenn Sie den Quarzkristall während der Meditation verwenden, können Sie Ihre eigenen inneren Energien besser konzentrieren und die Gedankenkontrolle gelingt Ihnen leichter und effektiver. Sollte Ihr Interesse mehr im Bereich psychischer und spiritueller Entwicklung liegen, sollten Sie vielleicht den Gebrauch eines Amethysts – oder sogar mehrerer – in Erwägung ziehen, da der Amethyst im wesentlichen der »spirituelle Kristall« ist und Ihnen dazu verhilft, die Fähigkeiten zu kanalisieren und zu steigern, die bereits in Ihnen angelegt sind. Wenn Sie die Meditation dazu benutzen, Ihre innere Entspannung zu vertiefen, mehr geistigen Frieden zu erlangen und insbesondere ein Gefühl für eine Richtung zu finden, wenn Sie vorübergehend von Ihrem Lebensweg abgekommen zu sein glaubten, könnten Ihre eigenen Geburtssteine womöglich die beste Unterstützung sein. In der folgenden Auflistung finden Sie Edelsteine, die üblicherweise mit den verschiedenen Tierkreiszeichen in Verbindung gebracht werden:

Tierkreiszeichen	**Kristall oder Edelstein**
Widder	Diamant, Rubin, roter Jaspis (Silex)
Stier	Saphir, Lapislazuli
Zwillinge	Zitrin, gelber Achat
Krebs	Perle, Mondstein
Löwe	Tigerauge, Dendritenachat
Jungfrau	grüner Jaspis, Sardonyx
Waage	Saphir, Aquamarin
Skorpion	Rubin, Opal, roter Jaspis (Silex)
Schütze	Topas
Steinbock	Türkis, Rauchquarz
Wassermann	Amethyst
Fische	Mondstein, Rosenquarz

Wenn Sie sich erst einmal entschieden haben, welchen Stein Sie benutzen wollen, besteht der nächste Schritt darin, diesen zu erwerben. Wenn Sie mit Kristallen umgehen, die zur Meditation oder zur Heilung benutzt werden sollen, ist es von äußerster Wichtigkeit, daß Sie Ihren Kristall selbst auswählen. In einem späteren Kapitel werden wir uns mit dem Thema Weissagung beschäftigen und dort werden Sie sehen, daß Kristalle, die zu diesem Zweck verwendet werden, von jemand anderem für Sie ausgewählt oder Ihnen sogar per Post zugeschickt werden können. Der Grund dafür ist, daß im Falle der Weissagung die Art des Kristalles wichtig ist – ob es sich beispielsweise um einen Achat oder einen Labradorit handelt – und nicht die Energien, die von diesem Kristall abgegeben werden. Wenn wir aber erst einmal über Kristalle für Meditation oder Heilzwecke zu sprechen beginnen, konzentrieren wir uns jedoch auf die ganz besondere Verbindung von Energien des Kristalles und seines Benutzers und daher ist es wesentlich, daß der Benutzer tatsächlich mit dem Kristall in Kontakt kommt und sich zu ihm hingezogen fühlt, bevor er ihn erwirbt. Früher glaubte man, daß man sich solche Steine immer schenken lassen sollte und daß es falsch wäre, sein eigenes Geld dafür auszugeben. In Wirklichkeit ist jedoch alles, was Sie tun, die Energie, die Sie in das Geldverdienen investiert haben, gegen die Energie auszutauschen, die in dem Kristall aufgespeichert wurde, während er seinen Weg zu Ihnen fand – und dies kann nicht schädlich für Sie sein.

Nehmen wir nun einmal an, Sie haben sich entschieden, Ihren eigenen Kristall zu kaufen und befinden sich in dem betreffenden Geschäft. Wie wählen Sie nun einen Kristall aus den hunderten, die Sie hier vorfinden, aus? Nun ist der Zeitpunkt gekommen, wo Sie Ihrer Intuition die Führung überlassen können und zwar in folgender Weise:

1. Schließen Sie für einen Augenblick oder länger Ihre Augen und wenn Sie sie wieder öffnen, werden Sie das Gefühl haben, daß ein bestimmter Kristall von einem hellen Licht umgeben zu sein scheint. Dieser eine ist Ihr Kristall.

2. Nehmen Sie einige der Kristalle abwechselnd in die Hand. Sie werden das Gefühl haben, daß einige von ihnen sich ziemlich kalt und ruhig anfühlen, aber andere scheinen eine positive Energie zu besitzen. Wenn Sie einen Kristall mit einer Energie finden (oft spüren Sie ein Prickeln oder Pulsieren), die mit Ihrer eigenen übereinstimmt, ist dies Ihr Kristall.

3. Schließen Sie Ihre Augen und streichen Sie mit Ihrer Hand sanft über die Kristalle und zwar einige Zentimeter darüber. Nach einigen Augenblicken werden Sie sich einer Energie bewußt

werden, die sich fast magnetisch anfühlt, die Ihre Hand zu einem bestimmten Kristall hinzieht. Lassen Sie immer noch mit geschlossenen Augen Ihre Hand langsam nach unten sinken, bis Ihre Finger den Kristall berühren, welcher derjenige ist, der zu Ihnen gehört.

Die Reinigung Ihres Kristalls oder Edelsteins

Auf dem Weg, zu Ihnen zu gelangen, hat Ihr Kristall viele Energien aufgenommen. Diese Energien können entweder positiv oder negativ sein und es ist sehr wahrscheinlich, daß er sowohl positive als auch negative Energien aufgenommen hat. Bevor Sie Ihren Kristall nun zur Meditation benutzen können, müssen Sie die negativen Energien aus ihm entfernen und die positiven in ihm belassen. Darüber hinaus ist es notwendig, die negativen Energien, die während dem Reinigungsprozeß aus dem Edelstein entfernt werden, in positive umzuwandeln. Welche der folgenden Reinigungsmethoden Sie auch anwenden, achten Sie darauf, daß Sie gleichzeitig Ihren Willen benutzen, um zu gewährleisten, daß diese negativen Energien auf diese Weise umgewandelt werden.

Nachfolgend finden Sie die gebräuchlichsten Reinigungsmethoden für Ihre persönlichen Steine. Wenn Ihnen Ihre Intuition jedoch zu einer anderen Technik rät, müssen Sie Ihrer Intuition folgen. Schließlich handelt es sich um Ihren Stein und er soll dazu verwendet werden, Ihre eigene Intuition zu verstärken. Daher dürfen Sie auch in diesem ersten Augenblick Ihre Intuition nicht übergehen.

1. Halten Sie Ihren Edelstein oder Kristall unter fließendes Wasser und lassen Sie das Wasser über ihn strömen. Ideal wäre natürlich, frisches Fließwasser aus einem Fluß zu benutzen, aber fließendes Leitungswasser kann ebenso wirkungsvoll sein. Benutzen Sie niemals heißes Wasser, da ein Kristall dadurch springen könnte. Es ist wichtig, den Stein während der Reinigung in der Hand zu halten, da Sie den ersten konkreten Kontakt zu Ihrem neuen »Freund« knüpfen. Und da Sie ja harmonisch mit ihm zusammenarbeiten wollen, ist es um so besser, je eher Sie diese Beziehung herstellen. Lassen Sie den Stein selbst trocknen, wenn

möglich im Sonnenlicht, da die Sonne so viel eigene Energie besitzt, daß sie die in Ihrem Kristall bereits vorhandene Energie nur noch verstärken kann.

2. Verwenden Sie eine Visualisation. Setzen Sie sich mit Ihrem Kristall an einen ruhigen Platz Ihrer Wahl – an einen Ort, an dem Sie nicht gestört werden. Entspannen Sie Ihren Körper und beruhigen Sie Ihren Geist und stellen Sie sich dann vor, daß Ihr Kristall von reinem, weißem Licht umgeben wird. Während sich dieses weiße Licht über den Kristall ergießt, achten Sie darauf, daß es alle negativen Energien aus ihm entfernt und nur die Energien übrig läßt, die rein und positiv sind. Gleichzeitig visualisieren Sie, daß diese negativen Energien in positive umgewandelt werden, so daß Sie zum Wohle der Menschheit und der Welt benutzt werden können. Möglicherweise ist es notwendig, den Kristall während dieses Reinigungsprozesses des öfteren in Ihrer Hand umzudrehen – so wie Sie einen Gegenstand umdrehen würden, der mit Wasser gewaschen wird –, so daß das weiße Licht jede seiner Seiten erreicht.

3. Wenn Sie eine Pyramide besitzen oder sich eine Pyramide besorgen können, legen Sie den Stein unter die Pyramide und lassen Sie ihn dort mindestens 24 Stunden lang liegen, damit der Reinigungsprozeß stattfinden kann.

4. Manche Menschen entscheiden sich ganz einfach dafür, darum zu bitten oder zu beten, daß ihr Edelstein gereinigt wird und diese Bitte ist ausreichend, vorausgesetzt, sie ist aufrichtig gemeint und wird in dem Glauben an Gott ausgesprochen. Denken Sie auch hier wieder daran, daß es außerordentlich wichtig ist, darum zu bitten, daß die negativen Energien, die aus Ihrem Kristall ausströmen, in positive Energien umgewandelt werden, um für einen guten Zweck benutzt zu werden.

Wie oft man diesen Reinigungsprozeß wiederholen sollte, hängt sehr stark von den individuellen Umständen ab. Der Stein sollte immer gereinigt werden, bevor man ihn zur Meditation benutzt. Manche Menschen ziehen es vor, diesen Prozeß drei Wochen lang zu wiederholen, nicht so sehr, um den Stein noch mehr zu reinigen, sondern um die Beziehung zwischen sich und dem ganz persönlichen Stein zu vertiefen. Wenn dies Ihr Anliegen ist, kann es nicht schaden, einige Tage oder sogar Wochen darauf zu verwenden, den Stein zu reinigen. Aber, was ganz wesentlich ist, wenn Sie Ihren Kristall nach der Reinigung aufladen wollen, dann genügt eine einzige Reinigung.

Es gibt keinen Menschen auf der Welt, der nicht zu irgendeinem Zeitpunkt für negative Gefühle anfällig ist. Ob Sie sich nun deprimiert, unwohl oder unglücklich mit den augenblicklichen Umständen fühlen, wenn Sie sich erst einmal auf Ihren eigenen Edelstein eingestimmt haben, können Sie sicher sein, daß er diese Gefühle aufnimmt und einen Teil Ihrer Negativität absorbiert. Deshalb ist es in diesen Fällen ratsam, den Stein erneut zu reinigen – ein Prozeß, der die negativen Schwingungen aus dem Stein und oft auch aus seinem Besitzer entfernt.

Das Aufladen Ihres Kristalls oder Edelsteins

Nachdem Sie Ihren Stein nun gereinigt haben, müssen Sie sich die Zeit nehmen, ihn aufzuladen und sich auf ihn einzustimmen. Dabei sind Frieden und Einsamkeit von wesentlicher Bedeutung.

Setzen Sie sich auf einen bequemen Stuhl, wobei Sie den Kristall locker in Ihrer Hand halten. Betrachten Sie den Kristall einen Augenblick lang, so daß Sie eine Vorstellung von seiner Form und seinen Ausmessungen erhalten. Streichen Sie mit Ihren Fingern darüber, so daß Sie erfahren, wie er sich anfühlt. Blicken Sie in den Kristall und nehmen Sie so viele Details wie möglich wahr – denn schließlich wird Ihr Kristall in Ihren Meditationen ein Teil von Ihnen. Nun schließen Sie Ihre Augen, wobei Sie vor Ihrem geistigen Auge das Bild des Kristalls und seine äußere Erscheinung aufrechterhalten.

Jetzt müssen Sie einige Augenblicke darauf verwenden, Ihren Körper und Ihren Geist bewußt zu entspannen. Beginnen Sie mit Ihrem Körper und spannen und entspannen Sie jede Muskelpartie abwechselnd, indem Sie sich von den Füßen nach oben arbeiten, bis Sie die körperliche Spannung vollständig gelöst haben, die wir alle im Laufe unseres Alltagslebens aufbauen. Nun ist es Zeit, Ihren Geist zu beruhigen. Das beinhaltet nicht, daß Sie in Ihrem

Abb. 1: Halten Sie Ihren Kristall in der Hand und visualisieren Sie weißes Licht, das eine Spirale im Uhrzeigersinn formt

Kopf eine »völlige Leere« herstellen – was für jeden normalen Menschen fast ein Ding der Unmöglichkeit ist. Versuchen Sie statt dessen, Ihren Geist auf ein Bild zu konzentrieren, das Ihnen gefällt – das kann der Anblick einer ländlichen Gegend, einer Gegend am Meer, ein Berggipfel, der Himmel bei Sonnenuntergang oder jede beliebige andere Szene sein, die die Schönheit der Natur spiegelt. Atmen Sie langsam und regelmäßig, während Sie beginnen, mit dem Bild und Ihrem Kristall in Einklang zu kommen.

Während Sie ruhig dasitzen und Ihren Kristall locker in der Hand halten, stellen Sie sich nun einen großen Kreis von weißem Licht vor, der sich auf dem Boden um Sie herum formt. Lassen Sie diesen Kreis nun zu einer Spirale werden, die Sie Schicht für Schicht mit reinem, weißen Licht umgibt – immer im Uhrzeigersinn – bis Sie über Ihren Kopf hinausreicht. Lassen Sie diese Spirale sich nun über Ihren Kopf schließen, so daß Sie und Ihr Kristall sich zusammen, sicher eingeschlossen in diesem reinen, weißen Licht befinden. Halten Sie dieses Bild einige Augenblicke lang fest, bevor Sie es wieder verschwimmen lassen.

Die hier beschriebenen Methoden der Reinigung und des Aufladens zu Meditationszwecken sind exakt dieselben, wie wenn Sie Ihren Kristall nun zum Zwecke der Heilung, Entwicklung Ihrer psychischen Fähigkeiten oder jeder anderen Absicht benutzen wollen. Der Unterschied besteht einzig und allein in der Art und Weise, in welcher der Kristall für Ihren speziellen Gebrauch »programmiert« wird.

Wenn Sie Kristalle für viele verschiedene Zwecke verwenden wollen, ist es ratsam, verschiedene Kristalle zu benutzen, die individuell programmiert sind und sie separat aufzubewahren, so daß jeder einzelne nur in seiner eigenen, besonderen Art und Weise benutzt wird.

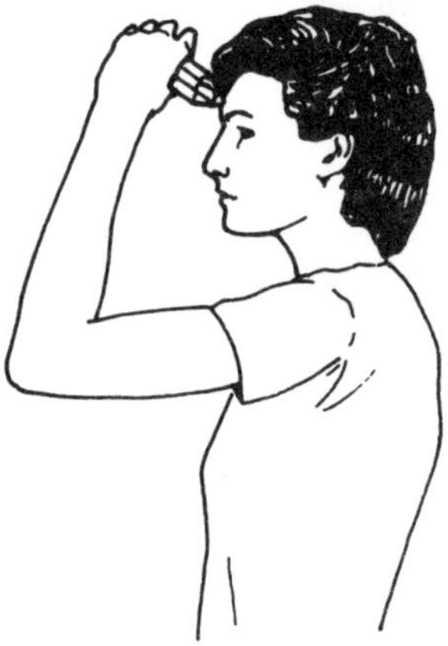

Abb. 2: Halten des Kristalles in Höhe des dritten Auges

Programmierung

Es ist eine bekannte Tatsache, daß Kristalle Gedankenmuster speichern können, die man ihnen »einprogrammiert« hat, weshalb die Programmierung des Kristalls ein wichtiger Vorgang ist.

Bei der Programmierung eines Kristalls ist der wichtigste Faktor die Absicht der Person, deren Gedankengänge eingespeichert werden. Dabei ist Wissen als solches von geringerer Bedeutung als der Wunsch und die Absicht. Jedoch ist die Programmierung nicht schwierig – obwohl Sie feststellen werden, daß sie einige Übung erfordert.

Suchen Sie sich wiederum einen ruhigen Ort und verwenden Sie einige Augenblicke darauf, sich körperlich und geistig zu entspannen. Halten Sie Ihren Kristall dann in Höhe des dritten Auges und konzentrieren Sie sich darauf, sich der energetischen Verbindung zwischen diesem Bereich und dem Kristall bewußt zu werden. Wenn diese energetische Verbindung einmal hergestellt ist, reicht es aus, sich vorzunehmen, daß der Kristall einem besonderen Zweck dienen soll – sei dies nun Heilung, Meditation oder etwas anderes.

Meditationstechniken

Wahrscheinlich gibt es ebenso viele Meditationstechniken wie Menschen, die meditieren wollen. Die nachfolgenden Beispiele sind eine Auswahl der gebräuchlicheren Meditationen, aber da wir uns mit einer individuellen, intuitiven Wissenschaft beschäftigen, ist es wichtig, daß Sie die Methode anwenden, die Ihnen persönlich richtig erscheint. Es kann sein, daß Sie Ihre Intuition dahin führt, Ihre eigene Methode zu entwickeln und wenn dies der Fall ist, sollen Sie diese Technik benutzen.

Technik 1

Da die Menschen in der westlichen Welt mit der Vorstellung von Meditation nicht vertraut sind, muß der westliche Geist – der daran gewöhnt ist, an zu viele Dinge auf einmal zu denken und jede Stunde eines jeden Tages mit Aktivität zu füllen – lernen, ruhig zu sein. Wenn Ihnen dies nicht leicht gelingt, kann es für Sie hilfreich sein, sich auf Ihren Atem zu konzentrieren.

Setzen Sie sich an einen Ort, an dem Sie nicht gestört werden können. Halten Sie Ihren Kristall in der linken Hand, wobei seine Spitze nach oben weist. Schließen Sie Ihre Augen. Atmen Sie langsam. Füllen Sie Ihre Lungen mit Luft und lassen Sie den Atem dann wieder los. Versuchen Sie einen langsamen, regelmäßigen Atemrhythmus zu finden – oft ist es hilfreich, bis drei zu zählen, während Sie einatmen und dann wieder bis drei zu zählen, während Sie ausatmen. Schließlich werden Sie ein Stadium erreichen, wo das Zählen nicht länger nötig ist und Sie diesen langsamen, gleichmäßigen Rhythmus natürlich und ohne Schwierigkeiten aufrechterhalten können. Der Vorteil dieser speziellen Technik besteht darin, daß Sie, wenn Sie sich wirklich auf Ihren Atem konzentrieren, unmöglich gedanklich abschweifen und sich durch triviale Gedanken ablenken lassen können, die sich Ihnen möglicherweise aufzudrängen versuchen. Wenn Sie dann beginnen, mit dieser Methode zu meditieren, werden Sie feststellen, daß Sie diesen Zustand nicht sehr lange aufrechterhalten können, da Ihre Gedanken schon sehr bald wieder umherschweifen und sich mit Alltagsproblemen beschäftigen. Es ist in diesem Fall besser, wenn Sie sich nicht dazu zwingen, mit der Übung fortzufahren, sondern die Tatsache akzeptieren, daß Sie Ihren meditativen Zustand erst mit zunehmender Übung leichter aufrechterhalten können. Wenn Sie in der Lage sind, sich jeden Tag eine bestimmte Zeit sowie einen besonderen, ganz privaten Ort zu reservieren, an dem Sie Ihre Meditation ausüben, wird Ihnen auch dies dazu verhelfen, diese Fähigkeit zu entwickeln.

Technik 2

Legen Sie Ihren Kristall vor sich auf einen Tisch. Setzen Sie sich vor ihn und konzentrieren Sie sich darauf, indem Sie Ihre ganze Aufmerksamkeit auf ihn richten. Schließlich werden Sie das Gefühl haben, Ihre Augen schließen zu müssen. Kämpfen Sie nicht gegen dieses Gefühl an, sondern schließen Sie Ihre Augen ganz selbstverständlich, wenn dieses Gefühl auftaucht, und versuchen Sie, die ganze Zeit über das Bild Ihres Kristalles vor Ihrem inneren Auge aufrechtzuerhalten. Wenn das Bild anfängt zu verschwimmen oder Ihre Gedanken abzuschweifen beginnen, versuchen Sie, das Bild des Kristalles in Ihrem Geist wieder herzustellen. Wenn dies nicht geschieht, ist es am besten, die Meditation für diesen Tag abzubrechen. Sie werden feststellen, daß Sie jedesmal ein wenig länger meditieren können – wie auch bei der vorherigen Methode.

Technik 3

Entspannen Sie sich und halten Sie Ihren Kristall in der linken Hand. Schließen Sie Ihre Augen, so daß Sie nicht von Äußerlichkeiten abgelenkt werden. Während Sie langsam und gleichmäßig atmen, visualisieren Sie reines, weißes Licht, das in Ihren Geist und Ihren Körper einströmt. Mit etwas Übung werden Sie tatsächlich das Gefühl haben, daß Licht in jeden Teil Ihres Körpers einströmt, während Sie einatmen und dann, während Sie ausatmen, lassen Sie das Licht wieder aus sich herausströmen und seine positive Wirkung in die Umgebung um Sie herum abgeben.

Technik 4

Legen Sie einen Kreis von aufgeladenen und programmierten Kristallen auf den Boden um sich herum und setzen Sie sich in die Mitte dieses Kreises. Schließen Sie Ihre Augen und lassen Sie das Gefühl der kombinierten Energie der Kristalle und der Interaktion, die zwischen Ihnen stattfindet, zu. Das kann zu einer ziemlich intensiven Meditation führen und sollte vielleicht von Menschen praktiziert werden, die bereits mit den einfachen Formen der Meditation Erfahrung haben.

Technik 5

Halten Sie Ihren Kristall locker mit beiden Händen und legen Sie das Muster, das in Abbildung 3 dargestellt ist, vor sich und lenken Sie Ihre Aufmerksamkeit darauf. Die Form stellt eine der traditionellen Vorlagen für die Kristallmeditation dar. Obwohl das eine weitere Form der Meditation ist, die am besten von Menschen praktiziert wird, die einige Erfahrung in Meditation besitzen, werden Sie feststellen, daß die grundlegenden Kristallstrukturen in dieser Abbildung wiedergegeben sind.

Technik 6

Meditation mit Musik: Halten Sie Ihren Kristall in der linken Hand und schließen Sie Ihre Augen. Lassen Sie Ihre Gedanken von sanfter Musik Ihrer Wahl führen. Kristalle sind besonders empfänglich für Musik und Sie werden feststellen, wenn Sie diese Technik einige Zeit praktiziert haben, wie Sie die Musik buchstäblich als Farben und Formen »sehen« können.

Technik 7

Gruppenmeditation: Bei einer Gruppenmeditation ist es das wichtigste, mit den anderen Gruppenmitgliedern die genaue Absicht der Meditation zu besprechen und sicherzustellen, daß es nur eine einzige Absicht gibt, damit kein Konflikt entsteht. Es gibt verschiedene Möglichkeiten, eine Gruppenmeditation anzuleiten. Manche Gruppen legen einen einzelnen, sehr großen Kristall in die Mitte des Raums und setzen sich dann um ihn herum. Andere Gruppen ziehen es vor, mehrere Kristalle in die Mitte zu legen. Wieder andere Gruppen bringen ihre eigenen persönlichen Kristalle mit. Welche Methode auch immer Sie wählen, es können sehr hohe Ebenen der Meditation erreicht werden, vorausgesetzt die Gruppe findet sich zu einem universalen, guten Zweck zusammen.

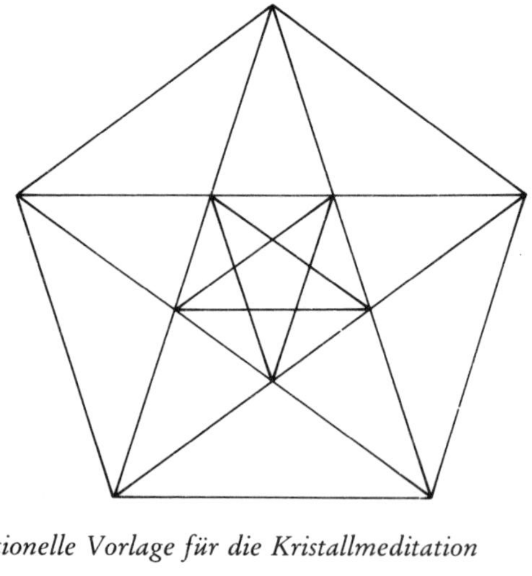

Abb. 3: Traditionelle Vorlage für die Kristallmeditation

Für welche Form der Meditation auch immer Sie sich entschieden haben, ihr wahrer Wert wird nur dann offensichtlich werden, wenn Sie sie zu einem Teil Ihrer täglichen Routine machen. Nicht die Zeit, die Sie auf jede Meditation verwenden, ist wichtig, sondern vielmehr die Regelmäßigkeit. Was auch immer Ihre Absicht, auf lange Zeit hin betrachtet, ist – ob Sie Ihre psychischen Fähigkeiten entwickeln, den Menschen individuell oder in größerem Umfang helfen oder mehr in Einklang mit Ihrem höheren Selbst kommen wollen –, Meditation ist der erste und grundsätzlichste Schritt. Die Zeit, die Sie auf diese Weise darauf verwenden, Ihr Bewußtsein zu erhöhen, ist in der Tat gut angelegt.

2

Heilung

Seit es Menschen gibt, gibt es auch Heiler. Über die Jahrhunderte und in den verschiedenen Zivilisationen mögen sich die angewandten Methoden unterschieden haben, aber vielleicht ist das Heilen mit Edelsteinen eine der ältesten Formen. Die alten Priester in Lemurien und Atlantis wußten um die Macht der Steine im Heilprozeß. Die Ägypter, Azteken, Inkas und die Ureinwohner Australiens benutzten sie alle in einer bestimmten Art und Weise, wenn sie halfen, das Leiden der Kranken zu lindern – ob diese Leiden nun physisch, mental, emotional und spirituell waren.

Heute gibt es Menschen, die die Energie der Edelsteine benutzen, um die Heilung der Welt zu unterstützen. Dieses Kapitel konzentriert sich jedoch auf die Heilung des individuellen Menschen. Denn wenn alle Menschen sowohl geistig als auch körperlich geheilt würden, würde gleichzeitig die Welt geheilt.

Was bedeutet Heilen nun tatsächlich? Heilung beinhaltet nicht nur die Behandlung des Symptoms, das offensichtlich ist, sondern den gesamten Menschen. Das kann erfordern, daß man den physischen Körper, die Aura oder die Chakras behandelt. Natürlich sind einige Krankheiten karmischer Natur und daher wird nicht einmal die beste Therapie in der Lage sein, sie zu überwinden. Dies bedeutet nicht, daß die Menschen, die an solchen Krankheiten leiden, keine Liebe, Fürsorge und kein Verständnis verdienen; es bedeutet auch nicht, daß es nicht die Pflicht eines Heilers ist, sein Bestes zu tun, um diese Krankheiten nach seinem besten Vermögen zu besiegen.

Es könnte so scheinen, daß Edelsteine eine ideale Energiequelle sind, wenn es um Heilung geht. Wissenschaftler kommen heute zu dem Schluß, daß ein großer Teil der Materie, aus der der menschliche Körper besteht, kristalliner Natur ist.

In seinem Buch »Kosmische Kristalle« spricht Ra Bonewitz von anderen Körpern als dem physischen Körper, die den gesamten Menschen ausmachen. Er nennt diese Körper die »feinstofflichen Körper« und sagt, daß sie aus Energieebenen und Energiezuständen zusammengesetzt sind. Auch diese feinstofflichen Körper können mit Edelsteinen behandelt werden. Er weist auch auf einen wichtigen Punkt hin, wenn er sagt: »Es ist wichtig, daran zu denken, daß Heilung nicht im physischen Körper beginnt, sondern vielmehr in den feinstofflichen Körpern, die der physische Körper nur widerspiegelt. Und da Edelsteine fähig sind, mit den niedrigsten Energien wie Elektrizität bis hin zu den höchsten wie feinstoffliche, spirituelle Energien umzugehen, wird es möglich, mehrere Körper gleichzeitig zu behandeln.«

Am Ende dieses Kapitels finden Sie eine umfassende Liste von Heileigenschaften verschiedener Kristalle und Edelsteine, aber wirkliche Heilung beinhaltet weit mehr, als sich nur auf eine solche Liste zu beziehen, um herauszufinden, welchen Edelstein man benutzen und wo man ihn auf dem Körper plazieren sollte. Wir dürfen hier die Bedeutung der Intuition des Heilers nicht unterschätzen, wenn er erspürt, was der Patient tatsächlich braucht. Gleichermaßen muß die Bedeutung des Willens und des Wunsches zu heilen betont werden. Heilen ist sicherlich kein rein mechanischer Prozeß, sondern ein spirituelles Bindeglied zwischen Heiler und Patient – und dieses Bindeglied existiert, ob der Patient nun anwesend ist oder ob die Heilung in seiner Abwesenheit stattfindet.

Obwohl Sie in diesem Kapitel verschiedene Diagnosen, Methoden und Heiltechniken mit Edelsteinen finden, soll dies in keinster Weise heißen, daß ein Patient eine normale medizinische Behandlung abbrechen oder ganz auf traditionelle medizinische Hilfe verzichten sollte. Edelsteinheilung und Schulmedizin können Hand in Hand gehen, wobei die Edelsteinheilung die Wirkung konventioneller Therapien unterstützt und oft beschleunigt.

Wenn Sie sich entschieden haben, Edelsteine zu benutzen, um sich und andere in ihrem Heilprozeß zu unterstützen, müssen Sie zu diesem Zweck natürlich Kristalle erwerben, reinigen und aufladen. Es ist nicht ratsam, einen Stein zu benutzen, der auch dazu verwendet wird, Ihnen in anderer Weise zu helfen – beispielsweise bei der Meditation – da Sie immer verschiedene Steine für verschiedene Zwecke bereithalten sollten. Die Methode der Reinigung und des Aufladens gleicht der Methode, die in Kapitel 1 beschrieben wurde. Auch hier gilt, wenn ein Stein zu Heilzwekken verwendet werden soll, sollte er am besten von Ihnen ausgewählt worden sein und nicht von jemand anderem. Sie und Ihr Edelstein sollen wie ein Team zusammenarbeiten und deshalb müssen Sie von Anfang an zusammenpassen. Wie ein Team von Menschen, die ihre gemeinsame Arbeit auf einer soliden Basis beginnen, werden Sie immer vertrauter und harmonieren immer besser, je mehr sie zusammenarbeiten.

Ein Heiledelstein sollte niemals einfach liegengelassen werden, daß er einstauben kann. Bewahren Sie ihn immer gut geschützt auf, indem Sie ihn entweder in weiches Papier hüllen oder ihn in einer kleinen Tasche aus weichem Material aufbewahren. Wenn es sich um einen persönlichen Kristall oder Edelstein handelt, der zu Selbstheilungszwecken benutzt wird, könnten Sie ihn auch an einer Kette um den Hals tragen.

Da Sie Ihren Stein dazu benutzen werden, während des Heilungsprozesses negative Energien zu entfernen, ist es von entscheidender Bedeutung, daß Sie ihn jedes Mal erneut reinigen, bevor Sie ihn benutzen. Für welche Methode auch immer Sie sich dabei entscheiden, wird dies nicht mehr als ein paar Minuten Zeit erfordern, aber es ist ein Muß, daß die Reinigung zu einem Teil Ihrer Routine wird.

Diagnose

Manchmal weiß ein Patient genau, was ihm fehlt – entweder weil das Problem ganz offensichtlich ist oder weil bereits eine medizinische Diagnose erstellt wurde, an der kein Zweifel besteht. In vielen Fällen glaubt der Patient, daß er weiß, was mit ihm nicht stimmt – was absolut nicht dasselbe ist. Es kann sehr gut sein, daß er ein Symptom erkennt, wobei das wirkliche Problem viel tiefgründiger ist und im Verborgenen liegt. Es kann sogar sein, daß er seinen Geist und seinen Körper dazu gebracht hat, ein Symptom auszubilden, so daß er sich nicht mit einem Problem konfrontieren muß, vor dem er unbewußt sehr große Angst hat. In Wirklichkeit ist es nicht wichtig, ob der Patient die wahre Ursache seines Problems kennt oder nicht. Jeder Heiler, ob er nun Edelsteine benutzt oder nicht, wird seine eigene Diagnose erstellen wollen – obwohl dazu natürlich gehört, daß er den Patienten nach seinen Symptomen fragt und dazu auch die Diagnose miteinbezieht, die etwa vom Arzt seines Patienten schon erstellt wurde.

Es gibt verschiedene Methoden der Diagnose, von denen einige nachfolgend beschrieben sind. Denken Sie jedoch daran, daß Ihre Intuition das beste Werkzeug ist, das Sie in dieser Hinsicht besitzen, und wenn die Methode, die Sie selbst verwenden, in dieser Auflistung nicht aufgeführt ist, bedeutet es nicht, daß dies nicht die richtige Methode für Sie ist.

Es liegt an Ihnen, mit den verschiedenen diagnostischen Techniken zu experimentieren, die hier beschrieben werden, um herauszufinden, welche Ihnen am ehesten liegt. Probieren Sie jede Methode einige Male aus, bis Sie diejenige herausfinden, die Sie am besten in die Lage versetzt, sich auf das Leiden des Patienten einzustimmen. Ich rate davon ab, daß Sie der einzige Helfer eines erkrankten Menschen sein sollen oder einer Person, die sich in seelischer Not befindet, bevor Sie genügend Wissen und Erfahrung besitzen. Vielleicht können Sie zum Üben einen Freund oder ein Familienmitglied bitten – jemanden, der bereits von einem Arzt, einem Heilpraktiker o. ä. behandelt wird – Ihnen zu erlauben, Ihre diagnostischen Fähigkeiten an ihm zu testen. Halten Sie Ihre Ergebnisse fest und überprüfen Sie, inwieweit diese mit den bereits bekannten Tatsachen übereinstimmen. Auf diese Weise werden Sie sehr bald herausfinden, welche Methode für Sie am besten ist. Ein Vorschlag wäre, bei jedem Experiment eine einfache Karte oder eine Seite aus einem Notizbuch dafür bereit zu halten. Auf Seite 26 finden Sie ein Beispiel für ein solches Formular.

1. Erfahrung des Leidens

Der Heiler sollte dem Patienten von Angesicht zu Angesicht gegenübersitzen und beide sollten sich Zeit lassen, sich körperlich und geistig zu entspannen. Dieser Prozeß geschieht langsam. Sowohl der Heiler als auch der Patient haben ihre Augen

Name des Patienten:
Verwendete Diagnosetechniken: 1. 2. 3. 4.
Ergebnisse: 1. 2. 3. 4.
Ergebnisse der Diagnose des Arztes oder Behandlers des Patienten:

geschlossen, so daß die Führung und Hilfe, die dem Heiler gewährt wird, durch nichts gestört werden kann. Schließlich sollte der Heiler ein Unwohlsein in dem Bereich des Körpers verspüren, der dem Körperbereich des Patienten entspricht, welcher der Heilung bedarf. Dieses Gefühl dürfte nicht mehr als ein leichtes Unbehagen sein und dem Heiler keine Schmerzen bereiten, sondern ihm vielmehr als ein Anzeiger des Teils des Patienten dienen, auf den die Heilung abzielen sollte. Wenn Sie sich für diese Methode entschieden haben, vergessen Sie nicht – wenn Sie das Unbehagen verspürt und identifiziert haben – diejenigen, die Sie bei der Heilung führen, zu bitten, das Gefühl wieder von Ihnen zu nehmen, da das Problem nun diagnostiziert und als eines erkannt worden ist, das zum Patienten und nicht zu Ihnen gehört. Wenn Sie einen Kristall bei Ihrer Diagnose zur Unterstützung benutzen, dann halten Sie ihn locker in beiden Händen, wobei seine Spitze während der Meditation auf den Patienten gerichtet ist.

2. Auradiagnose

Es gibt viele Heiler, die die Aura sehen können, aber das trifft keineswegs auf alle zu. Ob Sie die Aura nun sehen können oder nicht, hat jedoch keinen Einfluß darauf, ob Sie in der Lage sind, eine Auradiagnose zu erstellen. Es gibt viele Dinge, die man auf spirituellem Wege »wissen« kann, ohne sie zu sehen. Und eine Tatsache, die auf diesem Wissen basiert, ist nicht weniger gültig, weil es dabei keine Rolle spielt, ob man etwas sieht oder nicht. Müssen Sie etwa Ihre Füße betrachten, um zu wissen, welche Schuhe Sie tragen, während Sie dies lesen? In gleicher Weise müssen Sie nicht in der Lage sein, die Aura zu sehen, um zu wissen, daß sie da ist und sogar, um sie fühlen zu können.

Machen Sie die nachfolgenden Experimente, um festzustellen, ob eines von ihnen oder alle auf Sie zutreffen:

Setzen Sie sich dem Patienten von Angesicht zu Angesicht gegenüber. Schließen Sie beide Ihre Augen und verbringen Sie einige Augenblicke in stiller Meditation. Öffnen Sie Ihre Augen und blicken Sie nun direkt auf den Patienten. Achten Sie darauf, ob Sie die Aura um seinen Kopf und seinen Körper ausmachen können. Wenn Sie sie sehen, sehen Sie eine Silhouette von Licht oder sehen Sie verschiedene Farben? Wenn das, was Sie sehen, ein naturfarbenes Licht um den Patienten ist, ist diese Lichtsilhouette vollständig oder unterbrochen? Sollten Sie Unterbrechungen erkennen können, zeigen Ihnen diese den erkrankten Bereich an. Wenn Sie in der Aura verschiedenfarbige Bereiche wahrnehmen, achten Sie darauf, in welchem Bereich welche Farbe vorherrscht. Es gibt keine feste Regel, welche Farben gesunde und welche erkrankte Bereiche anzeigen – es gibt so viele »richtige« Farbbedeutungen in der Aura wie es Aurasichtige gibt. Es liegt an Ihnen, durch Experimentieren herauszufinden, welche Farben Ihnen Gesundheit und welche Ihnen Probleme anzeigen. In diesem Fall sind Ihre eigenen Aufzeichnungen natürlich viel bedeutender, da Sie nur durch diese Art von Experiment mit einer größeren Anzahl von Fällen die notwendige Information erlangen können.

Vielleicht erstellen Sie Ihre Auradiagnose, indem Sie die Aura fühlen, anstatt sie zu beobachten. Wenn dies der Fall ist, stellen Sie sich vor den Patienten und lassen Sie Ihre Hände über die Aura gleiten, wobei Sie vom Kopf bis zu den Füßen gehen. Sie sollten ein Gefühl der Wärme verspüren, wo die Aura vollständig ist. Wenn Sie zu einem Bereich kommen, wo Sie ein Frösteln verspüren (und Sie werden diesen Unterschied sicherlich bemerken), zeigt Ihnen dies einen problematischen Bereich an.

Verschiedene Arten der Edelsteinheilung

Egal für welche Methode der Edelsteinheilung Sie sich entscheiden – ob dies eine der nachfolgend beschriebenen Methoden ist oder eine Methode, zu der Sie sich instinktiv hingezogen fühlen, gibt es einige Grundsätze, die man immer beachten sollte.

1. Benutzen Sie immer einen Stein, der Ihnen persönlich gehört und den Sie gereinigt und in der richtigen Weise aufgeladen haben.

2. In dem ruhigen Augenblick der Meditation, der jedem Versuch vorausgehen sollte, sich selbst oder einen anderen Menschen zu heilen, denken Sie daran, für sich und Ihren Stein um Schutz zu bitten. Sie wollen die negativen Energien, die Sie von dem Patienten entfernen wollen, nicht aufnehmen.

3. Seien Sie sich bewußt, daß viele Menschen, selbst wenn Sie bereit sind, die Heilung zu akzeptieren, vor Dingen, die Ihnen »unbekannt« sind, ein wenig nervös sind. Sie tun gut daran, sich

die Zeit zu nehmen, dem Patienten Vertrauen einzuflößen und mit ihm zu besprechen, was Sie mit ihm vorhaben. Es wird keine »Sofortheilung« geben, obwohl der Patient möglicherweise eine sofortige Erleichterung verspürt. Denken Sie auch daran, daß es Ihnen nicht zusteht, eine vollständige Heilung zu versprechen oder zu versuchen, jemanden dazu zu überreden, eine andere Behandlung, die er erhält, abzubrechen. Sie und Ihr Edelstein hoffen, die Situation zu verbessern und dem Menschen zu helfen, so heil und ganz zu werden, wie es ihm bestimmt ist.

Die Edelsteine oder Kristalle, die Sie bei Ihren Heilsitzungen verwenden, hängen sehr stark von der Art der Heilung ab, die Sie durchführen wollen. Selbstverständlich benutzen Sie Ihren eigenen speziellen Heilkristall, aber zusätzlich könnten Sie den Wunsch haben, daß Sie selbst, der Patient oder beide noch andere Kristalle benutzen. Die Liste geeigneter Steine und Kristalle am Ende dieses Kapitels ist die gebräuchlichste, obwohl darauf hingewiesen werden muß, daß es keine einzige umfassende Aufstellung gibt, über die sich alle Experten einig sind.

Heilung der Aura

Halten Sie einen Kristall in Ihrer linken Hand (oder, wenn Sie wollen, nehmen Sie in jede Hand einen Kristall, wobei die beiden Kristalle miteinander harmonieren sollten) und streichen Sie mit den Kristallen leicht über den Bereich der Aura, wo sie unterbrochen zu sein scheint. Während Sie dies tun, visualisieren Sie, daß die Energie, die in dem Kristall gespeichert ist, die Aura schließt, so daß sie wieder ganz wird. Dieser Prozeß muß möglicherweise einige zeitlang in regelmäßigen Abständen wiederholt werden.

Um Ihnen eine Vorstellung von der Wirksamkeit dieser Auraheilung zu verschaffen, betrachten Sie die Geschichte von Alice.

Alice ist eine ältere Dame, die auf die 70 zugeht. Ungefähr vor zwei Jahren stürzte sie in ihrem Garten und verletzte sich am rechten Arm und der rechten Schulter, doch glücklicherweise waren keine Knochen gebrochen. Obwohl sie beträchtliche Schmerzen hatte, verschwanden die Prellungen innerhalb von ein paar Wochen und Alice konnte ihre Hand und ihren Arm wieder normal benutzen. Jedoch blieb ihr ein Schulterleiden. Röntgenaufnahmen und Untersuchungen ergaben, daß keine Zerrungen vorhanden waren, dennoch konnte Alice ihren linken Arm nicht weiter als in Schulterhöhe heben. Nicht, daß sie einen besonderen Schmerz empfand – der Arm ließ sich einfach nicht höher heben. Dieses Problem verursachte ihr ziemlich Unannehmlichkeiten – sie konnte beispielsweise ihren rechten Arm nicht dazu benutzen, Tassen oder Teller aus ihrem Küchenschrank zu nehmen und sie mußte ihre Haarbürste in der linken Hand halten, obwohl sie normalerweise Rechtshänderin ist.

Alice glaubte nicht an alternative Heilmethoden, bis sie an eine Bekannte geriet, die zufällig selbst Heilerin ist. Diese besuchte Alice zweimal in der Woche in ihrer Wohnung und versuchte mit Hilfe eines Quarzkristalls die Aura um ihre rechte Schulter zu heilen.

Ungefähr drei Wochen lang erzielte sie kein Ergebnis – außer daß Alice bemerkte, daß ihre Schulter im Verlauf der Heilbehandlung wärmer wurde. Nach drei Wochen jedoch tauchten zwei große blaue Flecken auf, die die ganze beeinträchtigte Schulter bedeckten. Als diese blauen Flecken verschwunden waren, stellte Alice plötzlich fest, daß sie ihren Arm auf einmal wieder so hoch heben konnte wie vor ihrem Unfall.

Heilung durch Berührung

Bei dieser Heilmethode sollte sich der Patient entspannen, wobei er vorzugsweise auf einem Bett oder einer Couch liegt. Edelsteine und Kristalle verschiedener Art können auf die entsprechenden Körperteile gelegt werden und daraufhin sollten sowohl der Patient als auch der Heiler meditieren und sich auf die positiven Energien konzentrieren, die aus diesen Steinen in die erkrankten Körperteile einfließen. Der Heiler kann auch seinen eigenen Kristall benutzen, um diesen Prozeß zu verstärken, aber, egal welche Methode er benutzt, ist es auch hier wesentlich, daß alle Edelsteine und Kristalle vor und nach der Behandlung gereinigt werden.

Eine andere Methode der Heilung durch Berührung besteht darin, daß der Heiler seinen eigenen Heilkristall in der linken Hand hält und seine rechte Hand leicht auf den Körperteil des Patienten legt, der behandelt werden muß.

Abb. 4: Kristalle werden auf verschiedene Körperbereiche gelegt, um die Heilung zu beschleunigen

Verbindung von Energien

Der Patient und der Heiler sollten beide einen Stein in der Hand halten. Es ist von äußerster Wichtigkeit, daß diese Steine vollkommen miteinander harmonieren. Manchmal wird ein Kristall in zwei Hälften geschnitten und jeder hält eine Hälfte des halbierten Kristalls. Wenn Sie diese Technik verwenden wollen, stellen Sie sicher, daß der Kristall nach der Halbierung gereinigt und aufgeladen wurde, bevor Sie ihn zur Heilung verwenden. Sowohl der Patient als auch der Heiler sollten sich von Angesicht zu Angesicht in stiller Meditation gegenübersitzen, während sie sich darauf konzentrieren, die verbundenen Energien ihrer Kristalle so zu visualisieren, daß sie auf den erkrankten Körperbereich des Patienten gelenkt werden – oft in Form von Licht oder Wärme.

Den Kristall am Körper tragen

Wählen Sie einen Edelstein oder einen Kristall entweder aus der Liste am Ende dieses Kapitels oder mittels Ihrer Intuition aus. Dieser Edelstein kann nun an einer Kette um den Hals getragen werden. Man kann ihn genauso gut in der Tasche bei sich tragen. In diesem Fall ist es jedoch ratsam, den Stein in ein Seidentuch einzuhüllen, um zu verhindern, daß andere Gegenstände an ihm scheuern und auch, um sicherzustellen, daß er keine unerwünschte Negativität von irgendeiner anderen Quelle aufnimmt. Manche Menschen schlafen gerne mit ihrem Heilkristall unter dem Kissen und dies kann sicherlich nicht schaden, obwohl in diesem Fall natürlich kein tatsächlicher Kontakt zwischen dem Kristall und seinem Besitzer besteht.

Verwendung von Edelsteinen auf Akupressurpunkten

Bei Menschen, die sich mit Akupressur auskennen, hat sich herausgestellt, daß die Verwendung eines Edelsteins auf den entsprechenden Akupressurpunkten die Behandlung noch effizienter macht. Wenn Sie einen Kristall zu diesem Zweck verwenden wollen, ist es jedoch wichtig, daß die Spitze des Kristalls abgerundet ist, so daß sie die Haut des Patienten nicht verletzt. Wenn Sie einen Kristall verwenden, der bereits für Heilzwecke präpariert ist, indem er gereinigt und aufgeladen wurde, können seine Energien beim nachträglichen Schleifen beeinträchtigt und verändert werden und es ist ausgesprochen wichtig, daß die Reinigung und das Aufladen wiederholt werden, bevor der Kristall auf die Akupressurpunkte auf dem Körper des Patienten gelegt wird.

Wichtige Anmerkung:
In einigen östlichen Ländern findet man immer noch Menschen, die Edelsteine zu Pulver mahlen und sie innerlich einnehmen. Selbst wenn Sie Berichte vom Erfolg dieser Behandlung hören (und es gibt nur wenige Beweise für deren Richtigkeit), dürfen Sie dies **niemals** tun. Wenn man Edelsteine in dieser Form einnimmt, kann das sehr gefährlich sein, wenn nicht sogar fatale Folgen haben!

Selbstheilung

Auch Heiler müssen von Zeit zu Zeit geheilt werden. Jede der hier bereits beschriebenen Methoden kann auch bei Ihnen selbst mit Erfolg angewendet werden. Sie können Ihren eigenen Heilkristall verwenden, einen geeigneten Stein aus der nachfolgenden

Liste auswählen oder ganz einfach den Kristall oder Edelstein wählen, der Ihnen intuitiv als der richtige für Sie erscheint. Wenn Ihnen das schwerfällt, können Sie ein Pendel zu Hilfe nehmen, wobei Sie die Technik benutzen, die in dem Kapitel über das Pendeln beschrieben ist.

Wenn Sie sich entscheiden, einen Edelstein aus der nachfolgenden Liste auszuwählen, ist es am besten, die letztendliche Entscheidung persönlich zu fällen. Nehmen wir beispielsweise einmal an, Sie haben sich entschieden, daß der Peridot der richtige Stein für Sie ist. Am besten wäre es nun, wenn Sie Ihren Peridot aus einer Auswahl von Steinen aussuchen könnten – vielleicht in einem Geschäft, das auf den Verkauf von Kristallen spezialisiert ist. Legen Sie die Steine auf ein Tuch vor sich, schließen Sie Ihre Augen und wenn Sie sie öffnen, wählen Sie den Stein aus, auf den Sie Ihren Blick spontan gerichtet haben. Eine Alternative wäre, Ihre Augen zu schließen und Ihre Hände einige Zentimeter über den Steinen zu halten und zu warten, bis Sie ein Prickeln oder ein magnetisches Gefühl zu einem der Steine verspüren. (Wenn Ihnen erst einmal der Umgang mit einem Pendel vertraut ist, wäre dies eine andere Möglichkeit, Ihre endgültige Wahl zu treffen.)

Emotionale Heilung

Menschen, die an emotionalen Krankheiten leiden, brauchen genauso Hilfe wie diejenigen, die körperlich erkrankt sind. Man muß sich nur einmal vor Augen führen, wieviel Zeit Ärzte und Therapeuten darauf verwenden, Menschen mit tiefen emotionellen Problemen zu helfen, um zu erkennen, wie hoch der Prozentsatz der Bevölkerung ist, über den wir hier sprechen. In gewisser Weise ist ein emotionelles Problem schwieriger zu behandeln, als ein rein körperliches; erstens ist es schwieriger zu diagnostizieren, zweitens hat der Patient oftmals zugelassen, daß sich sein emotionaler Zustand beträchtlich verschlechtert, bevor ihm überhaupt bewußt wurde, daß etwas nicht stimmt und drittens haben einige Menschen immer noch das Gefühl, sie müßten sich dafür schämen zuzugeben, im emotionalen Bereich Hilfe zu brauchen.

Einige Heiler haben festgestellt, daß sich Kristalle in der Behandlung emotionaler Probleme aller Art als besonders wirkungsvoll erweisen. Dieses Gebiet ist sicherlich weiterer Erforschung wert. Offenbar besitzt der Rosenquarz eine beruhigende Wirkung auf den Patienten, besonders wenn er in Verbindung mit Entspannungstechniken und positiver Visualisation verwendet wird. Der Patient sollte entweder auf einem Stuhl sitzen oder auf einem Bett oder einer Couch liegen. Seine beiden Handflächen weisen nach oben. Während der Heiler seine Behandlung durchführt, wird in jede Handfläche ein Rosenquarz gelegt.

Wenn ein Patient zu Angstanfällen neigt, soll das Tragen eines Rosenquarzes an einer Kette dazu beitragen, diese Anfälle zu verhindern oder zumindest zu mildern.

Natürlich möchte ich hier nicht vorschlagen, daß die Verwendung von Kristallen ein Ersatz für eine andere Behandlung darstellt, wenn es sich um Patienten handelt, die an irgendeiner Form von emotionaler Krankheit leiden. Wie auch bei der körperlichen Heilung handelt es sich dabei mehr um eine Verstärkung und Beschleunigung anderer Behandlungsmethoden, ob diese schulmedizinisch oder alternativ sind.

Spirituelle Heilung

Es wird immer Menschen geben, die sich in spiritueller Hinsicht verletzbar fühlen. Einige behaupten, daß sie von einer bekannten oder unbekannten Quelle psychisch angegriffen werden. Im Endeffekt spielt es keine Rolle, ob dieser psychische Angriff oder die spirituelle Verletzbarkeit wirklich oder eingebildet ist. Der Terror, dem sich der Betreffende ausgesetzt fühlt, ist echt, selbst wenn die Ursache seiner Angst nur in seiner eigenen Vorstellung besteht. In jedem Fall ist es möglich, den Betroffenen in einer der traditionellen Formen psychischen Selbstschutzes zu unterweisen und dies kann durch die Verwendung von Kristallen nur noch verstärkt werden. Da der Amethyst als der »spirituelle Edelstein« bezeichnet wird, wird er in solchen Fällen häufig verwendet.

Der Betroffene sollte einen großen Amethyst mit beiden Händen halten – oder sogar in jeder Hand einen Amethyst. Während er seine Augen geschlossen hält, sollte er sich von reinem, weißem, spirituellem Licht umgeben sehen. Dieser Prozeß sollte drei Wochen lang täglich wiederholt werden oder so lange, bis sich der Betroffene wieder sicher fühlt. Der Amethyst kann dann am Körper getragen werden oder man trägt ihn stets bei sich, um den Schutz aufrechtzuerhalten.

Obwohl es absolut möglich ist, daß man diese spirituelle Heilung selbst durchführt, ist es oft besser, zusätzliche Unterstützung von einem Heiler zu haben, besonders während der ersten Tage der Behandlung. Allein die Angst und die Verletzbarkeit, die der Betroffene empfindet, können bereits ausreichen, um eine erfolgreiche Visualisation zu verhindern, wenn er keine äußere Hilfe hat. Wenn der Patient den Zustand erreicht, wo er das Gefühl hat, mit dem Prozeß ohne fremde Hilfe fortfahren zu können, wird der Heiler erkennen, daß eine Besserung eingetreten ist und daß der Betroffene mehr Vertrauen in seine eigene spirituelle Kraft zu entwickeln beginnt.

Gruppenheilung

Jeder der hier beschriebenen Heilungsprozesse kann von einem einzelnen oder von einer Gruppe durchgeführt werden, die sich zu diesem speziellen Zweck zusammenfindet. Natürlich ist es wichtig, daß sich die Gruppenmitglieder in einer gemeinsamen Absicht zusammenfinden und daß innerhalb der Gruppe keine Disharmonie besteht. Da auch die verwendeten Kristalle in totaler Harmonie sein sollten, ist es oft sehr positiv, eine vorbereitende Sitzung abzuhalten, bei der jedes Gruppenmitglied seinen eigenen Kristall mitbringt und wo die Gruppe als Ganzes gemeinschaftlich die Kristalle für den Heilzweck auflädt. Wenn dies getan worden ist, können sich verschiedene Gruppenmitglieder – oder tatsächlich die ganze Gruppe – zusammenfinden, um der Heilung, die sie durchführen, noch mehr Kraft zu verleihen.

Fernheilen

Heilung jeder Art braucht nicht in der physischen Gegenwart des Patienten stattfinden. Fernheilung ist ausgesprochen wirkungsvoll. Denjenigen, die glauben, daß Heilung nur eine Frage des Vertrauens des Patienten und des Glaubens an den Erfolg der Heilung ist (einige nennen dies Selbsttäuschung), kann man unzählige Fälle entgegenhalten, in denen Fernheilung erfolgreich war, wobei der Patient nicht einmal gewußt hat, daß ihm eine Fernheilung zuteil wurde.

Fernheilung kann natürlich von einem einzelnen oder von einer Gruppe von Heilern durchgeführt werden, die zu dem Zweck zusammenkommen, anderen positive Schwingungen zu senden. In jedem Falle werden Kristalle dabei als Verstärker dieses Prozesses empfunden. Wenn eine Gruppe regelmäßige Fernheilungen abhält und den Wunsch hat, Kristalle dabei zu benutzen, ist es oft ratsam, mehrere große Kristalle zu haben, die, nachdem sie in der richtigen Weise aufgeladen wurden, in der Mitte des Raumes aufgestellt werden, wobei sich die Gruppenmitglieder im Kreise um sie herumsetzen. Jedes Gruppenmitglied sollte diejenigen Menschen beim Namen nennen, die seiner Meinung nach der Heilung bedürfen und nach einigen Minuten stiller Meditation sollten die Gruppenmitglieder visualisieren, wie die Heilenergien der Kristalle in Form von Licht und Wärme zu diesen Patienten geschickt werden. Da während solcher Sitzungen enorme Mengen von Heilenergie erzeugt werden, ist es ausgesprochen gut, daß man sich diese Energie nach außen verbreiten läßt, um der Welt als Ganzem zu helfen, bevor sich der Kreis auflöst.

Einige Fernheiler lassen ihre Patienten zu einer bestimmten Zeit meditieren, wobei sie einen Kristall in der Hand halten. Wenn der Patient und der Heiler zum selben Zeitpunkt zusammenarbeiten, kann die Energie, die durch die Heilung und die Kristalle erzeugt wird, nur noch verstärkt werden, selbst wenn eine große Entfernung zwischen beiden liegt.

Nun liegt es an Ihnen zu experimentieren, verschiedene Methoden der Kristallheilung auszuprobieren und die erzielten Erfolge und wohltuenden Wirkungen aufzuzeichnen. Nehmen Sie sich Zeit dazu. Jeder Heilprozeß wird am besten eine Zeitlang ausgeübt. Aber für welche Methode Sie sich auch entscheiden, tun Sie Ihr Bestes, Ihren Mitmenschen zu helfen – und dadurch der Menschheit im allgemeinen.

Heileigenschaften, die den verschiedenen Edelsteinen zugeschrieben werden

Es gibt viele Aufstellungen von Kristallen und Edelsteinen und den Heileigenschaften, die den verschiedenen Steinen zugeordnet werden. In einigen Fällen stimmen diese Auflistungen und die Details, die darin aufgeführt sind, nicht überein. In der nachfolgenden Aufstellung sind die Heilkräfte verzeichnet, die den Kristallen und Edelsteinen am häufigsten zugeschrieben werden, die leicht erhältlich sind. Denken Sie jedoch daran, daß Sie Ihrer Intuition folgen sollten, wenn Sie intuitiv das Gefühl haben, daß ein anderer Stein in einer bestimmten Situation am geeignetsten wäre, auch wenn er nicht in der Liste aufgeführt ist. Beachten Sie bitte auch, daß die folgende Aufstellung nicht dazu gedacht ist, eine »Anleitung für Heilbehandlungen« zu geben, sondern Ihnen nur eine Grundlage für eigenes Experimentieren darstellt und daß diese Heilung Hand in Hand mit jeder anderen Behandlung gehen sollte, die der Patient bereits erhält.

Achat — Der Achat soll die natürliche Vitalität und Energie steigern und das Vertrauen seines Benutzers stärken. Man glaubt, daß er von besonderem Vorteil für Athleten oder Menschen ist, die sich Prüfungen unterziehen – oder jedem anderen, der plötzlich sehr viel Energie aufbringen muß –, sei dies geistig oder körperlich.

Amazonit — Der Amazonit wird im allgemeinen dazu verwendet, das Nervensystem zu beruhigen und Menschen, die an emotionalen Störungen leiden, Erleichterung zu verschaffen.

Amethyst — Nicht umsonst wird der Amethyst als der spirituelle Stein bezeichnet. Man sagt ihm nach, daß er Menschen hilft, die ihre psychischen Fähigkeiten entwickeln wollen, und daß er denjenigen Schutz verleiht, die das Gefühl haben, irgendwelchen psychischen Angriffen ausgeliefert zu sein. Es heißt, daß intuitive Träume und Inspirationen erzeugt werden, wenn man mit einem Amethyst unter dem Kopfkissen schläft. Viele Heiler halten den Amethyst auch bei der Behandlung von Schlaflosigkeit für nützlich, und um Zeiten des Kummers zu erhellen.

Aquamarin Man nimmt an, daß der Aquamarin am wirkungsvollsten ist, wenn man ihn für die Behandlung der Augen, der Leber, des Rachens und des Magens benutzt. Darüber hinaus soll er das klare und logische Denken fördern und aus diesem Grund wird er oft als »Glücksbringer« getragen, wenn man sich einer Prüfung unterziehen muß oder ein Einstellungsgespräch hat.

Aventurin Es heißt, daß sich der Aventurin dazu eignet, Migräne zu lindern und die Augen zu beruhigen. Eine traditionelle Anwendungsmethode des Aventurins besteht darin, über Nacht einen Aventurin in Wasser zu legen und dieses Wasser am folgenden Tag zum Baden der Augen zu verwenden. Aventurinwasser kann auch dazu benutzt werden, Irritationen der Haut zu behandeln, und zwar mit nachweislich positiven Erfolgen.

Azurit In den Schriften von Edgar Cayce wurde der Azurit als Hilfe für die psychische Entwicklung empfohlen. Der Azurit ist ein sehr mächtiger Stein und es heißt, daß er in dem versunkenen Kontinent Atlantis allgemein als Heilstein verwendet wurde.

Bernstein Obwohl er so aussieht, ist der Bernstein in Wirklichkeit kein Edelstein, sondern versteinertes Baumharz. Man sagt, daß Bernstein seine beste Wirkung bei denjenigen erzielt, die an Halsinfektionen und Erkrankungen der Atemwege leiden oder anfällig für Asthma oder Erstickungsanfälle sind.

Beryll Es heißt, daß die größten Vorteile des Berylls darin liegen, Menschen Erleichterung zu verschaffen, die Beschwerden im Rachenbereich und der Leber haben.

Chalzedon Dieser Stein soll die Reizbarkeit seines Trägers reduzieren und Gefühle des Friedens und guten Willens gegenüber anderen verstärken.

Chrysokoll Der Chrysokoll ist ein geheimnisvoller Stein, dem man nachsagt, daß er von den Priestern alter Zivilisationen als Heilstein verwendet wurde. Es gibt jedoch keine Überlieferungen über die Art und Weise, in der der Stein benutzt wurde oder über den Grund für seinen Ruf als einer der wirkungsvollsten Heilsteine.

Chrysopras Der Chrysopras ist vielleicht der ideale Stein für Menschen, die sich Prüfungen unterziehen müssen, da man ihm nachsagt, daß er das Gedächtnis stärkt und Nervosität und Unruhe lindert. Darüber hinaus soll er die Geistesgegenwart erhöhen und den Träger des Steines befähigen, in einem Notfall mit einer besseren Urteilsfähigkeit zu handeln.

Diamant Man nimmt an, daß der Diamant von größtem Nutzen ist, wenn er in Verbindung mit anderen Edelsteinen benutzt wird, da behauptet wird, daß er die Eigenschaften verstärkt, die andere Edelsteine besitzen.

Falkenauge Das Falkenauge gehört nicht gerade zu den gebräuchlichsten Steinen. Daher ist alles, was man darüber sagen kann, daß es helfen soll,

Augenkrankheiten zu lindern. Über diesen Edelstein gibt es jedoch so wenig Informationen, daß nicht sicher ist, ob ihm sein Ruf nicht nur wegen seinem Namen vorauseilt.

Granat Der Granat wird als allgemeines Stimulans für den gesamten Organismus verwendet – körperlich, geistig und emotional. Besonders empfehlenswert ist er für Menschen, die ihre Selbstachtung und ihr Selbstvertrauen stärken müssen und mehr Mut brauchen.

Hämatit Der Hämatit ist ein weiterer Stein, der ermutigend wirken soll. Darüber hinaus wird behauptet, daß er das Herz stärkt und einen zu schnellen Puls reduziert.

Heliotrop Man glaubt, daß der Heliotrop dazu verhilft, Depressionen und Melancholie zu überwinden – besonders wenn ihn der Kranke am Körper trägt. Darüber hinaus soll er Menschen helfen, die an psychosomatischen Erkrankungen und Schmerzen leiden, die eine emotionale Ursache haben.

Jade Jade soll bei Nierenbeschwerden helfen. Man glaubt, daß gelbe Jade bei Verdauungsbeschwerden hilfreich ist. Wenn man Jade als Schmuckstück trägt, soll sie vor Feinden schützen. Im alten China und Ägypten wurde sie in weiten Kreisen als Talisman benutzt, um Glück, Freundschaft und Treue anzuziehen.

Jaspis Grüner Jaspis soll den Geschmackssinn verbessern und dazu beitragen, Depressionen zu überwinden, indem er ein aufgewühltes Gemüt beruhigt. Roter Jaspis enthält Eisenoxyd, das in der Medizin dazu benutzt wird, Blutungen zu stoppen und aus diesem Grund behauptet man, daß Jaspis bei allen Erkrankungen des Blutes und sogar gegen Hämorrhoidenbildung nützlich ist.

Jett Jett ist eine versteinerte Pflanze und kein Edelstein. Trotzdem wird er in der Heilung verwendet, um Migräne und Schmerzen hinter den Augen zu beheben und zu lindern.

Karneol Der Karneol besitzt den Ruf, den Blutstrom aus einer offenen Wunde zum Stillstand zu bringen. Wenn er von Frauen während der Menstruation als Halskette getragen wird, soll er die Unterleibskrämpfe lindern, die in dieser Zeit oft auftreten. Darüber hinaus kann man ihn auch bei Nasenbluten verwenden, wenn man ihn in den Nacken legt.

Katzenauge (Chrysoberyll) Es wird behauptet, daß das Katzenauge von großem Nutzen für die Menschen ist, die an Akne, Ekzemen und anderen Hauterkrankungen leiden. Das Katzenauge hat den Ruf, ein Glücksbringer zu sein und demjenigen, der es am Körper trägt, Glück zu bringen – aber es ist zweifelhaft, ob diese Annahme eine solide Basis hat.

Koralle Die Koralle soll das allgemeine körperliche und geistige Wohlbefinden steigern und von besonderer Hilfe für Menschen sein, die unter Anämie leiden. In vielen Teilen der Welt glaubt man, daß die Koralle dazu benutzt werden kann, böse Gedanken von Menschen abzuwehren, die einem Schlechtes wünschen – und tatsächlich gibt es immer noch Gegenden, wo die Koralle in dieser Weise benutzt wird.

Lapislazuli Bei den alten Ägyptern wurde der Lapislazuli »der Stein des Himmels« genannt und viele glauben, daß es der Stein ist, in dem die zehn Gebote eingraviert wurden, die Moses übermittelt wurden. Es heißt, daß der Lapislazuli die Macht besitzt, Anfälle und Epilepsie zu verhindern und das Sehvermögen zu verbessern.

Magnetit Auch bekannt unter dem Namen »Herkulesstein« geht dem Magneteisenstein der Ruf voraus, die Heilung von Krankheiten wie Rheumatismus, Gicht, Neuralgien, Krämpfen und schlechte Durchblutung zu heilen – besonders in den Beinen und Füßen. Dieser Stein soll bei der Behandlung von Rheumatismus, Leber- und Augenerkrankungen helfen.

Malachit Der Malachit enthält Kupfer und es wird behauptet, daß er bei der Behandlung von Rheumatismus und bei der Regulierung der Menstruation hilfreich ist.

Mondstein Man behauptet, daß der Mondstein ein langes Leben und Glück bringt und es heißt, daß er seinem Träger Freundschaft und Treue bringt. In bezug auf die Heilung wird er oft benutzt, um Flüssigkeiten im Körper zu reduzieren und Schwellungen abklingen zu lassen, die durch diese Flüssigkeit verursacht werden.

Obsidian Obsidian ist vulkanische Lava und es heißt, daß dieser Stein das Sehvermögen verbessert. Die Mystiker glauben darüber hinaus, daß er die höhere Vision des spirituellen Bewußtseins unterstützt.

Onyx Der Onyx soll die Konzentration und die Demut verstärken. Vielleicht findet man ihn aus diesem Grund so häufig in Rosenkränzen.

Opal Manche Menschen halten den Opal für einen Unglücksstein. Dies kann tatsächlich so sein, da man annimmt, daß der Opal seinen Träger zum Tagträumen verführt – und Tagträumen kann natürlich schädlich sein, da es den Verlust des Realitätssinns verursacht. Tagträumen kann jedoch auch mit Inspiration gleichgesetzt werden – und der Träumer kann seine »verschwendete Zeit« dazu verwenden, Pläne zu schmieden und Ideen zu entwickeln, die lohnende Resultate haben oder eine kreative Aufgabe visualisieren, die sich später für ihn und andere als ausgesprochen positiv erweist.

Peridot Der Peridot wird bei Schlaflosigkeit empfohlen sowie als Hilfsmittel bei Verdauungschwierigkeiten und zur Fiebersenkung.

Perle Die Perle soll dabei helfen, alle Arten von Katarrh, Bronchitis, Brust- und Lungeninfektionen zu heilen. Traditionell wird die Perle immer noch von Tauchern getragen, um sie vor den Gefahren des Meeres zu schützen – besonders vor Haien.

Pyrit Der Pyrit soll die Sauerstoffversorgung des Bluts unterstützen, das Kreislaufsystem allgemein stärken und bei der Reinigung von verstopften Atemwegen hilfreich sein.

Quarz Quarz zieht die Kräfte des Lichts und Energie an und es heißt, daß er ein ausgesprochen wirkungsvoller Heilstein ist. Sein hervorstechendstes Merkmal besteht darin, daß er dazu verhilft, die psychischen Zentren zu öffnen, auf einer tieferen Ebene zu meditieren und den Geist von weltlichen und trivialen Dingen zu befreien. Er öffnet das höhere Bewußtsein und unterstützt die Entwicklung vieler mystischer und spiritueller Begabungen.

Rauchquarz Seit Jahrhunderten wird der Rauchquarz als Talisman oder Glücksbringer verwendet. Man glaubt, daß seine wohltuenden Eigenschaften mehr in dieser Richtung als in der Heilung an sich liegen.

Rote Koralle Die rote Koralle soll bei der Behandlung von Leberstörungen, Verstopfung, Ekzemen und anderen Hauterkrankungen von Nutzen sein. Die rote Koralle soll den gesamten Organismus reinigen und die geistigen Fähigkeiten stärken.

Rhodochrosit Dieser Edelstein wird immer mehr dazu verwendet, die körperlichen, geistigen und emotionalen Energien seines Benutzers zu harmonisieren.

Rosenquarz Es wird behauptet, daß dieser schöne Stein einer der besten bei der Behandlung von Migräne und Kopfschmerzen aller Art ist. Darüber hinaus soll er die Phantasie anregen und den Intellekt schärfen.

Rubin Der Rubin soll die Intuition stärken sowie die Energieebenen erhöhen. Er wird oft dazu benutzt, Blutkrankheiten wie Anämie zu lindern oder niedrigen Blutdruck und Menstruationsstörungen.

Rutilquarz Der Rutilquarz soll für Menschen von besonderem Nutzen sein, die unter Beschwerden des Atemsystems leiden, wie Asthma, Bronchitis usw. Der Rutilquarz wird oft in Verbindung mit dem Beryll verwendet.

Saphir Der Saphir soll eine Vielzahl von Heileigenschaften besitzen. Er soll bei Problemen wie Rückenschmerzen, Hautausschlägen, der Beschaffenheit des Haares und der Nägel helfen, sowie Blutungen verhindern. Es wird aber auch behauptet, daß er in der Behandlung verschiedener Arten von Krebs nützlich sein kann. Auf emotioneller Ebene soll der Saphir die Intensität der Liebe steigern und seinem Träger die Qualitäten religiöser Demut, geistiger Reinheit und Heiterkeit verleihen.

Serpentin Man glaubt, daß der Serpentin die Weisheit vertieft und die Selbstkontrolle seines Trägers verstärkt. Der Überlieferung nach sollte dieser Edelstein immer an einer Kordel statt an einer Metallkette getragen werden.

Smaragd Der Smaragd soll das Gedächtnis und den Intellekt stärken sowie bei der Überwindung von Depression und Schlaflosigkeit hilfreich sein.

Sodalith Der blaue Sodalith soll die Senkung des Blutdrucks unterstützen und einen kühlenden Effekt auf Menschen besitzen, die an Fieber oder überhöhter Temperatur leiden.

Spinell Der rote Spinell soll den Charakter verbessern und die Zielstrebigkeit seines Trägers verstärken sowie Hilfe und Führung anziehen, wenn man sie braucht.

Staurolith Er ist auch bekannt unter dem Namen »Feenstein« und man behauptet, daß der Staurolith für Menschen von Nutzen ist, die sich ganz allgemein nicht auf der Höhe fühlen, aber keinen Grund dafür finden können. Viele Menschen glauben auch, daß dieser Stein Glück bringt, aber dies könnte daran liegen, da dieser Stein oft Linien aufweist, die ein Kreuz bilden.

Tigerauge Man sagt, daß das Tigerauge Hypochondrie verhindert und die Neigung zu psychosomatischen Krankheiten reduziert. Darüber hinaus soll es das Selbstvertrauen und den Glauben an sich selbst stärken und dient der Selbsterkenntnis. Dieser Edelstein soll auch bei Augenkrankheiten helfen, aber es gibt nur wenig Beweise für diese Behauptung und es könnte sein, daß das Tigerauge diesen Ruf nur aufgrund seines Namens erhalten hat.

Topas Es heißt, daß der Topas zu hohen Blutdruck senken kann und die Krampfaderbildung reduziert. Man behauptet auch, daß der Topas

Schlaflosigkeit verhindert und zu einem tiefen, traumlosen Schlaf verhilft. Manche Menschen glauben, daß der Topas vor Kaltherzigkeit bewahren kann – aber diese Behauptung konnte bisher nur wenig untermauert werden.

Turmalin

Um größtmöglichen Nutzen zu erzielen, wird der Turmalin am besten auf der Haut getragen. Seine besonderen Eigenschaften sollen darin liegen, Nervosität zu lindern und die Selbstsicherheit zu stärken. Tatsächlich ist der Turmalin auch als der »Stein des Vertrauens« bekannt.

Türkis

Die Indianer halten den Türkis immer noch für einen heiligen Stein. Sie glauben, daß er schädliche Schwingungen absorbiert und ein Schutzstein ist. Ein Türkis – der einem von jemand anderem geschenkt und niemals selbst gekauft werden sollte – wurde früher häufig Menschen gegeben, die sich einem chirurgischen Eingriff unterziehen mußten, als Schutz während der Operation.

Zirkon

Man glaubt, daß der Zirkon den Appetit anregt und bei Lebererkrankungen hilfreich ist.

Zitrin

Man behauptet, daß der Zitrin Menschen helfen kann, die das Gefühl haben, daß sie ihren Lebensweg verfehlt haben. Der Zitrin soll ihnen dabei behilflich sein, eine neue Lebensrichtung zu finden. Darüber hinaus heißt es, daß er Menschen mit niedrigem Blutdruck von Nutzen ist und dazu verhilft, seine Emotionen besser unter Kontrolle zu halten.

3

Die Chakras

Die Chakras sind die Energiezentren im Körper jedes Menschen. Es gibt sieben Hauptchakras im menschlichen Körper und diese werden oft als Räder oder Scheiben abgebildet. Das Wort Chakra bedeutet im Sanskrit »Rad«.

Die sieben Chakras im menschlichen Körper sind:

1. Das Scheitelchakra – an der oberen Spitze des Kopfes
2. Das dritte Auge/Stirnchakra – in der Mitte der Stirn zwischen den Augenbrauen
3. Das Kehlkopfchakra
4. Das Herzchakra – in der Mitte der Brust
5. Das Solarplexuschakra – im Nabelbereich
6. Das Milz- oder Sakralchakra
7. Das Wurzel- oder Basischakra

Jedes Chakra ist einem anderen Bereich zugeordnet, an den es Informationen übermittelt. Wie wir noch sehen werden, ist jedes Chakra für die Handlungen und Reaktionen eines anderen Bereichs des Geistes, der Emotionen oder des Körpers verantwortlich, obwohl alle Chakras von einer zentralen Kraft aus gesteuert werden und in gewissem Maße in einer Wechselwirkung zueinander stehen. Natürlich benutzt man ständig alle Chakras, aber welches Chakra in einem bestimmten Augenblick dominiert, hängt von den individuellen Umständen in diesem Augenblick ab. Wenn Sie beispielsweise in einer Situation vorrangig Ihren Intellekt benutzen müssen, – bedeutet das nicht, daß die anderen Chakras dabei nicht funktionieren, sondern vielmehr, daß die Chakras im Vordergrund stehen, die mentale und logische Aspekte kontrollieren.

Am Anfang dieses Kapitels haben wir die Chakras mit »Rädern« verglichen und dieses Bild ist tatsächlich sehr zutreffend. So wie die Zahnräder in einer ausgeklügelten Maschine, greifen die verschiedenen Chakras in ihrer Wirkung ineinander und die Wirksamkeit jedes einzelnen Chakras ist von der reibungslosen Funktion der anderen abhängig. Da die Energie, die von einem Chakra in ein anderes überfließt, ununterbrochen ausgetauscht wird, kann die Funktion aller anderen Chakras gestört werden, wenn im Bereich eines einzigen Chakras eine Blockade der Energie auftritt, was umgekehrt wiederum ein Ungleichgewicht in den Körperfunktionen hervorruft.

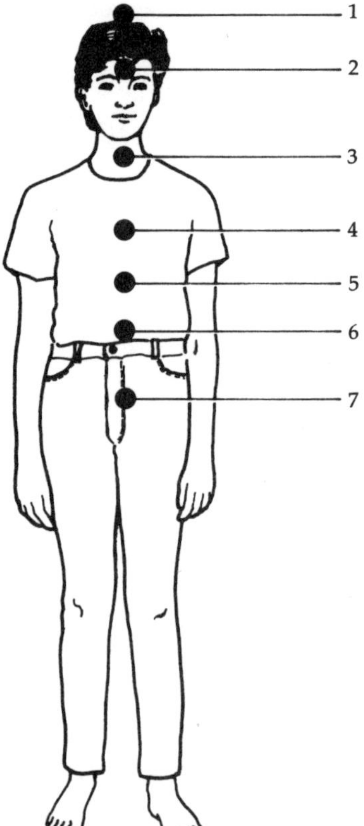

Abb. 5: Die sieben Chakrapunkte

Die Lebensenergie fließt durch das Scheitelchakra in den Menschen ein und aktiviert der Reihe nach jedes Chakra. Nehmen wir einmal an, daß das Herzchakra blockiert ist. In diesem Fall würde das Solarplexus-, Sakral- oder Basischakra nur ungenügend mit

Energie versorgt werden, wodurch ein Ungleichgewicht in der Funktion dieser drei Chakras entsteht.

Die Blockaden werden von negativen Gedanken verursacht, die natürlich nicht bewußt sind, sondern auf einer vollkommen unbewußten Ebene bestehen. Diese Blockaden können durch die bewußte Erzeugung positiver Gedanken beseitigt werden. Ein Quarzkristall, der die Energie erhöhen kann, intensiviert die Ebene der positiven Gedanken.

Ziel dieses Kapitels ist es, Ihnen zu helfen, diese Blockaden in sich selbst zu erkennen und Ihnen zu zeigen, wie Sie diese Blokkaden auflösen können. Selbst wenn Sie sich der Blockaden nicht bewußt sind, können die folgenden Übungen Sie in die Lage versetzen, sensibler für Ihre mentalen, physischen und emotionalen Funktionen zu werden und ein ausgeprägtes Bewußtsein zu erlangen, wie diese Funktionen durch die Chakras beeinflußt werden. Wenn Sie die hier beschriebenen Techniken befolgen und die Ergebnisse beobachten, lernen Sie, sowohl die Qualität des Lebens besser zu schätzen und verbessern Ihre Fähigkeit anderen Menschen zu helfen.

Um die Chakras zu reinigen und zu aktivieren, sollten Sie einen kleinen Bergkristall verwenden – er sollte nicht länger als fünf bis sieben Zentimeter sein. Die Chakras sind äußerst sensitiv und ein großer Kristall würde die Energie in einem Maße erhöhen, daß Sie diese zu starke Kraft nicht bewältigen könnten.

Wenn Sie also bereit sind, lassen Sie uns mit dem Scheitelchakra beginnen und erfahren, wie man es aktiviert. Am Ende jeder der sieben Anleitungen finden Sie eine Grafik, anhand derer Sie erkennen können, welche normalen Reaktionen zu erwarten sind, wenn die Übung erfolgreich verlaufen ist. Vielleicht finden Sie es hilfreich, Ihre eigenen Reaktionen in diese Grafiken einzutragen. Bitte seien Sie nicht enttäuscht, wenn bei Ihnen nicht jedes Mal, wenn Sie die Übung machen, alle Reaktionen auftreten. Nehmen Sie sich Zeit und schließlich werden Sie verschiedenste Erfahrungen machen. Darüber hinaus können Sie Empfindungen erleben, die in der Grafik nicht aufgeführt sind. Daran ist nichts verkehrt, aber Sie sollten auch hier jedes Gefühl, das auftaucht, aufzeichnen.

Scheitelchakra

Das Scheitelchakra ist mit der Hypophyse verbunden und wenn es sich in einem harmonischen Zustand befindet, ist auch das gesamte Drüsensystem in Harmonie. Dies wiederum fördert das allgemeine körperliche Wohlbefinden.

Reinigung und Aktivierung des Scheitelchakras

Abb. 6: Die Aktivierung des Scheitelchakras

Halten Sie Ihren Kristall in der rechten Hand einige Zentimeter über Ihren Kopf, wobei die Spitze des Kristalls nach unten weist. Halten Sie Ihre Augen geschlossen, lassen Sie den Kristall im Uhrzeigersinn in kleinen Kreisen über den Kopf gleiten und visualisieren Sie gleichzeitig ein starkes, weißes Licht, das aus dem Kristall ausströmt und in Ihren Scheitel einfließt. Fahren Sie mit dieser Übung einige Augenblicke fort, wobei der Kristall immer noch kreist. Daraufhin entspannen Sie sich, lassen Ihren Arm sinken und setzen sich einige Minuten ruhig hin, während Sie die Visualisation noch aufrechterhalten.

Wahrscheinlich werden Sie die oben erwähnten Energiemuster und Formen nicht erkennen können, bevor Sie diese Übung nicht eine Zeitlang praktiziert haben. Wenn Sie Ihren Kanal für die Hellsichtigkeit durch die Aktivierung dieses Chakras öffnen, ist es wichtig, sich Notizen von allen Bildern, Mustern usw. zu machen, selbst wenn Sie diese noch nicht verstehen, wenn Sie sie zum ersten Mal sehen.

Erfahrungen mit dem Scheitelchakra	
Unangenehme Empfindungen	
Wärmegefühl am Eintrittspunkt des Lichts	
Prickelndes Gefühl	
Aufblitzendes, farbiges Licht	
Beschreibung der Energiemuster und Formen	
Beschreibung weiterer Empfindungen	

Das dritte Auge oder Stirnchakra

Das dritte Auge ist mit der Zirbeldrüse verbunden. Wenn dieses Chakra richtig funktioniert, werden Sie feststellen, daß Sie weniger anfällig für Ängste und Phobien sind. Wenn Sie zu den Menschen gehören, die in ihrem Leben sehr viel Angst erleben, ist dies tatsächlich ein Anzeichen dafür, daß Sie eine Blockade im Bereich des dritten Auges haben. Natürlich wird das dritte Auge weitaus häufiger im Zusammenhang mit psychischen oder spirituellen Fähigkeiten gesehen und Sie werden in der Tat feststellen, daß Sie psychisch bewußter werden, wenn Sie Ihr Stirnchakra öffnen. Das ist eine menschliche Fähigkeit, die heutzutage nur unzureichend genutzt wird und wir können uns selbst und anderen nur dazu verhelfen, dieses Chakra zu entwickeln.

Man sagt, daß die Bewohner von Atlantis immer einen Edelstein auf dem dritten Auge getragen haben, um ihre Wahrnehmung und ihre psychischen Fähigkeiten zu steigern. Natürlich gibt es auch heute noch einige östliche Länder, wo ein Schmuckstein in der Mitte der Stirn getragen wird, aber es ist möglich, daß der wahre Grund dafür vergessen wurde und diese Sitte eine reine Tradition geworden ist.

Reinigung und Aktivierung des dritten Auges

Halten Sie Ihren Kristall in der rechten Hand und in einer Entfernung von ungefähr sieben bis zehn Zentimetern vor der Mitte Ihrer Stirn. Die Spitze des Kristalles sollte auf Ihre Stirnmitte weisen, wobei der Kristall etwas schräg nach unten gehalten wird. Schließen Sie Ihre Augen, lassen Sie den Kristall im Uhrzeigersinn einige Minuten lang kreisen und entspannen Sie sich dann, wobei Sie fortfahren, Ihre Empfindungen wahrzunehmen.

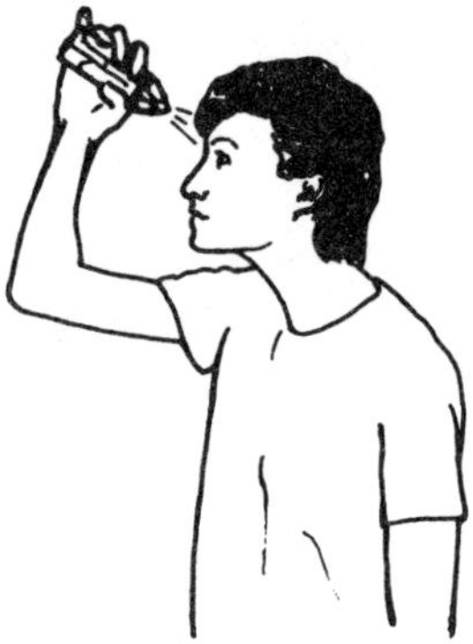

Abb. 7: Aktivierung des dritten Auges

Erfahrungen mit dem dritten Auge oder Stirnchakra	
Leicht »stechendes« Gefühl	
Wärme	
Lichtkreis – kann weiß oder farbig sein	
Beschreibung anderer Empfindungen	

Das erste und das zweite Chakra (das Scheitelchakra und das dritte Auge) werden oft zusammen gereinigt und aktiviert, da diese beiden Chakras sehr eng miteinander verbunden sind, besonders in bezug auf höheres Bewußtsein und psychische und hellsichtige Fähigkeiten. Harmonie zwischen diesen beiden Bereichen ist deshalb von äußerster Wichtigkeit. Wenn diese Chakras klarer werden, werden Sie sicherlich feststellen, daß Sie Bilder und Informationen empfangen, die Sie gerne aufnotieren wollen. Zu Anfang können diese Bilder möglicherweise keinen besonderen Sinn ergeben, da Sie womöglich eher symbolhaft statt wörtlich zu verstehen sind, aber wenn Sie über eine längere Zeit Aufzeichnungen machen, werden Sie sie schließlich verstehen können. Auf diese Weise lernen Sie sich besser selbst zu verstehen und können anderen Menschen mehr Hilfe und Führung anbieten. Auch hier ist es wieder wichtig, daß Sie nicht erwarten, daß zuviel auf einmal geschieht. Jede Verbesserung einer Fähigkeit und die Erweiterung Ihres Bewußtseins braucht Zeit und jeder schreitet in seinem eigenen Tempo voran – wobei es bei der Entwicklung von Fähigkeiten dieser Art kein richtiges Zeitlimit gibt.

Kehlkopfchakra

Das Kehlkopfchakra ist mit der Schilddrüse verbunden. Es ist bekannt, daß die Schilddrüse mit dem Stoffwechsel des Körpers zusammenhängt. Streß, Angst und Furcht können die reibungslose Funktion dieses Chakras sehr leicht beeinträchtigen und es kann einige Zeit erfordern, dieses Chakra zu reinigen, da heutzutage Streß und seine Auswirkungen besonders weit verbreitet sind.

Reinigung und Aktivierung des Kehlkopfchakras

Halten Sie Ihren Kristall in der rechten Hand, nicht mehr als fünfzehn Zentimeter vom Kehlkopfchakra entfernt. Passen Sie auf, daß Sie den Kristall horizontal halten, parallel zum Fußboden.

Schließen Sie Ihre Augen und visualisieren Sie einen reinen, weißen Lichtstrahl, der aus dem Kristall ausströmt und im Bereich des Chakras in Ihre Kehle eindringt.

Abb. 8: Aktivierung des Kehlkopfchakras

Erfahrungen mit dem Kehlkopfchakra	
Wärme	
Bedürfnis zu husten	
Gefühl, daß das Herz rast	
Verstärkte Energie	
Beschreibung anderer Empfindungen	

Herzchakra

Das Herzchakra, das mit der Thymusdrüse verbunden ist, befindet sich nicht im Bereich des Herzens selbst, sondern vielmehr in der Mitte der Brust. Es gibt nicht viele Menschen, deren Herzchakra voll aktiviert ist, da die bedingungslose Liebe diesem Bereich entspringt und nur sehr wenige Menschen fähig sind, diese wahre und selbstlose Liebe zu empfinden. Dies bedeutet jedoch nicht, daß wir nicht alle nach dieser Liebe streben – und um wieviel besser wäre die Welt, wenn wir alle in der Lage wären, dieses Ziel zu erreichen.

Es heißt auch, daß der Körper mehr Widerstandskraft gegen Infektionen erhält und seine Fähigkeit zunimmt, die Wirkungen von Allergien zu beseitigen, wenn das Herzchakra aktiviert ist.

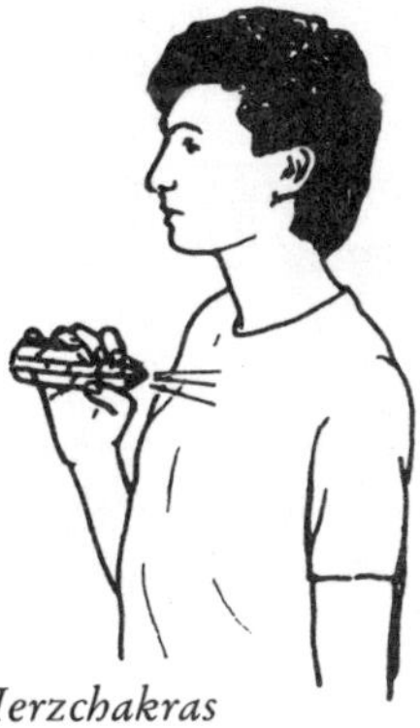

Abb. 9: Aktivierung des Herzchakras

Reinigung und Aktivierung des Herzchakras

Halten Sie den Kristall in Ihrer rechten Hand, wobei seine Spitze auf das Herzchakra weist und zwar in einer Entfernung von nicht mehr als 7–10 Zentimetern vom Körper. Auch in diesem Falle sollte der Kristall parallel zum Boden gehalten werden. Schließen Sie Ihre Augen und visualisieren Sie ein intensives, weißes Licht, das aus dem Kristall aus- und in der Höhe Ihres Herzchakras in den Körper einfließt, wobei gleichzeitig reines, weißes Licht aus Ihrem Herzchakra ausströmt und sich mit dem Licht aus dem Kristall verbindet.

Erfahrungen mit dem Herzchakra	
Prickelndes Gefühl	
Wärme	
Manchmal Tränen (kein schlechtes Zeichen)	
Beschreibung anderer Empfindungen	

Solarplexuschakra

Das Solarplexuschakra hängt sehr eng mit dem individuellen Ego zusammen. Da es in der menschlichen Natur liegt, die Wünsche des Egos zu befriedigen, bedarf es oft wiederholter Versuche, dieses Chakra wirkungsvoll zu reinigen und zu aktivieren. Dieses Chakra wird sehr leicht durch Spannungen oder Traumata beeinflußt, die entweder im Inneren selbst oder in einer äußeren Quelle wurzeln. Wenn Sie einmal bedenken, wieviel Spannung wir in unserem Leben ausgesetzt sind, werden Sie die Bedeutung des Solarplexuschakras sicherlich verstehen. Dieses Chakra ist ein Bereich, das so vielen Konflikten in uns ausgesetzt ist, daß sogar die Mehrheit derjenigen, die versuchen, Selbstbewußtsein und Selbstlosigkeit zu vertiefen, um spirituell zu wachsen, sehr hart daran arbeiten müssen, den natürlichen Egoismus zu überwinden, der dem Menschen angeboren ist.

Das Solarplexuschakra ist auch mit der Bauchspeicheldrüse verbunden, die für die Produktion von Insulin und Glykogen verantwortlich ist. Wenn die Bauchspeicheldrüse nicht mehr richtig funktioniert, treten plötzliche Gewichtsveränderungen oder sogar Diabetes auf.

Reinigung und Aktivierung des Solarplexuschakras

Halten Sie den Kristall in Ihrer rechten Hand, wobei seine Spitze auf das Solarplexuschakra gerichtet ist. Stellen Sie sicher, daß der Kristall genau horizontal und parallel zum Boden gehalten wird. Schließen Sie Ihre Augen und visualisieren Sie, daß ein intensives, weißes Licht in Ihren Körper in Höhe des Chakras einfließt. Seien Sie nicht enttäuscht, wenn Sie nur wenig empfinden oder bei den ersten Gelegenheiten, bei denen Sie diese Übung ausprobieren, keine Reaktion verspüren. Es erfordert Ausdauer Ihrerseits, an diesem speziellen Chakra zu arbeiten – und selbst dann stellen sich die Erfolge nur langsam über eine längere Zeit hinweg ein.

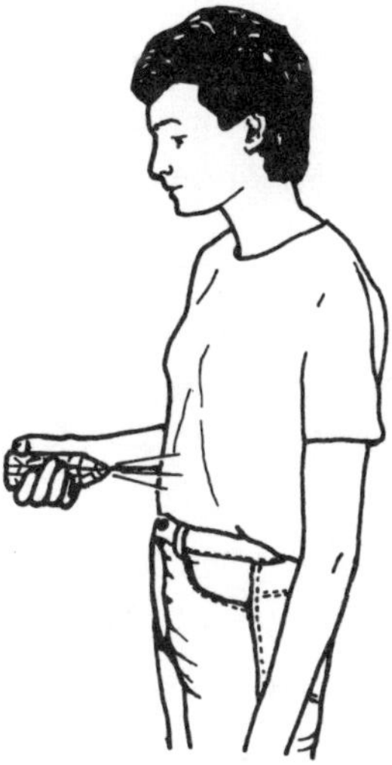

Abb. 10: Aktivierung des Solarplexuschakras

Erfahrungen mit dem Solarplexuschakra	
Klopfen/Pulsieren	
Wärmegefühl	
Lösung von Spannungen der Wirbelsäule	
Beschreibung anderer Empfindungen	

Sakralchakra

Das Sakralchakra ist mit der Produktion von Adrenalin verbunden, die wiederum im Zusammenhang mit Streß und dessen Bewältigung steht. Ein gewisses Maß an Streß im Leben ist notwendig und sogar anregend. Doch wenn der Streß übermäßig wird, kann er eine Vielzahl von Problemen verursachen, angefangen von Kopfschmerzen bis hin zu ausgesprochen ernsten Krankheiten – körperlicher wie geistiger Art. Wenn das Sakralchakra nicht angeglichen ist, kann das Gleichgewicht des gesamten Organismus des Körpers beeinträchtigt werden. Da wir alle im Alltagsleben mit Streß zu tun haben, ist es daher von extremer Wichtigkeit, die reibungslose Funktion dieses speziellen Chakras aufrechtzuerhalten.

Das Sakralchakra ist darüber hinaus mit Heilung und Gefühlen der Liebe für die Menschheit verbunden. Wenn es daher Ihr Wunsch ist, ein Heiler zu werden und anderen Menschen zu helfen, ist es ganz wesentlich, daß Sie regelmäßig an diesem Chakra arbeiten.

Reinigung und Aktivierung des Sakralchakras

Halten Sie den Kristall in Ihrer rechten Hand, wobei er etwas nach unten in Richtung auf das Sakralchakra gerichtet sein sollte. Schließen Sie Ihre Augen und lassen Sie den Kristall leicht im Uhrzeigersinn kreisen. Visualisieren Sie gleichzeitig reines, weißes Licht, das in Höhe des Sakralchakras in Ihren Körper einströmt und sich dann nach außen verbreitet, wie Wellen auf einem Teich, bis es die gesamte Umgebung dieses Bereiches ausfüllt.

Abb. 11: Aktivierung des Sakralchakras

Erfahrungen mit dem Sakralchakra	
Wenig oder keine Reaktion	
Wärme	
Prickeln im Bereich dieses Chakras	
Entspannung der Wirbelsäule	
Heiterkeit des Geistes	
Wärme, die sich im Körper ausbreitet	
Beschreibung anderer Empfindungen	

Basischakra

Das Basischakra liegt ein wenig oberhalb der Geschlechtsorgane und bezieht sich auf die niederen Instinkte und die sexuelle Aktivität des Individuums. Wenn das Gleichgewicht des Basischakras nicht aufrechterhalten wird, kann dies zu einem übertriebenen sexuellen Bedürfnis, Frigidität, Unfruchtbarkeit und in manchen Fällen sogar zu geistigen Störungen führen.

Reinigung und Aktivierung des Basischakras

Halten Sie den Kristall in Ihrer rechten Hand und richten Sie ihn nach unten auf das Basischakra. Schließen Sie Ihre Augen und visualisieren Sie helles, weißes Licht, das genau an diesem Punkt in den Körper einfließt. Halten Sie den Kristall still, während Sie an diesem Chakra arbeiten. Lassen Sie ihn nicht kreisen.

Diese Übungen sollten regelmäßig ausgeführt werden, bis der Zeitpunkt eintritt, wo Sie eine tatsächliche Reaktion im Bereich eines jeden Chakras empfinden. Darüber hinaus ist es wichtig zu versuchen, sich bewußt zu werden, wie die Stimulation eines Chakras alle anderen Chakras beeinflußt und welche Veränderungen in Ihrer Lebenseinstellung und des allgemeinen zuneh-

Erfahrungen mit dem Basischakra	
Wärme im Brennpunkt dieses Chakras	
Verbreitung von Wärme im ganzen Körper	
Muskelentspannung im unteren Bereich des Körpers	
Spannungslösung im Körper	
Beschreibung anderer Empfindungen	

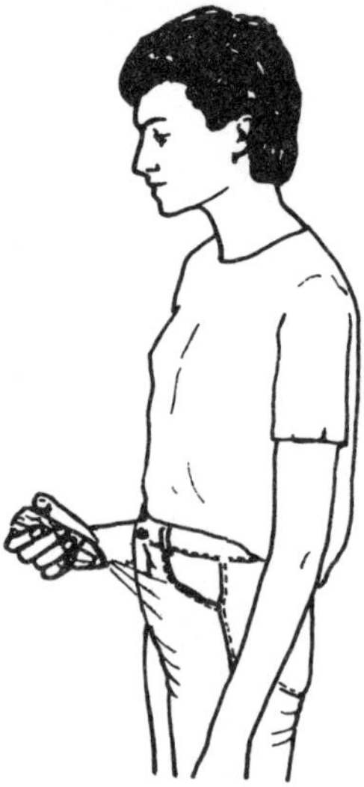

Abb. 12: Aktivierung des Basischakras

menden Bewußtseins eintreten. Da man diese Dinge so leicht vergißt, ist es ratsam, eine Art Tagebuch oder ein Protokoll darüber zu führen, in dem Sie Aufzeichnungen über Ihre Reaktionen machen.

Wie bei allen Dingen im Leben, die anzustreben es lohnt, erfordert es Zeit und Mühe, sie zu erreichen; daher sollten Sie keine Wunder in kurzer Zeit erwarten.

Abhängig von Ihrer Wesensart und dem Punkt, an dem Sie beginnen, werden Sie feststellen, daß einige Chakras leichter zu aktivieren sind als andere. Es ist jedoch wichtig, weiterhin an allen Chakras zu arbeiten, da ihre Interaktion und ihre Wirkung auf Ihr ganzes Leben wichtig sind.

Das Öffnen und das Schließen des Chakras ist auch ein bedeutsamer Teil der psychischen Entwicklung, die in einem späteren Kapitel behandelt wird.

Wenn Sie erst einmal damit begonnen haben, die Chakras von negativen Energien zu reinigen, wird es für Sie notwendig, sich regelmäßig mit einem Schutz zu umgeben, so daß diese neuaktivierten Chakras nicht so leicht negative Einflüsse absorbieren, die in der normalen Welt reichlich vorhanden sind. Jedesmal, wenn Sie diese Aktivierungstechniken ausgeübt haben, nehmen Sie sich am Ende jeder Sitzung einige Augenblicke Zeit, um sich zu entspannen und zu visualisieren, daß Sie von demselben reinen, weißen Licht umgeben sind, das aus dem Kristall ausgeströmt und in die Chakras eingeflossen ist. Beginnen Sie damit am Boden und arbeiten Sie sich nach oben, wobei Sie sich in den Schutz dieses reinen, weißen Lichts vollständig einhüllen lassen und sicherstellen, daß dieser Schutzschild sich über Ihrem Kopf schließt. Nun können Sie wieder zu Ihrem Alltagsleben übergehen, ohne so verletzlich zu sein, wie Sie es ansonsten erleben.

4
Psychische Entwicklung

Bevor Sie beginnen, dieses Kapitel zu lesen und die beschriebenen Techniken zu praktizieren, ist es wichtig zu verstehen, daß ein Unterschied zwischen der Entwicklung der psychischen Fähigkeiten und der Entwicklung zu einem Hellseher oder einem Medium besteht. Die Aufgabe des Hellsehers oder des Mediums besteht darin, den Menschen, die danach suchen, einen Beweis für ein Weiterleben zu erbringen. Das wird in einem späteren Kapitel noch eingehend beschrieben. Hier wollen wir uns mit den Menschen beschäftigen, die lernen wollen, ihre angeborenen psychischen Fähigkeiten zu benutzen.

Ein Mensch, der seine psychischen Fähigkeiten entfaltet hat, kann dann dazu übergehen, eine Anzahl von »Werkzeugen« zu benutzen, die ihm bei seiner Arbeit behilflich sind. Der eine entscheidet sich womöglich für die Tarotkarten, während wieder ein anderer die Kristallkugel vorzieht. An späterer Stelle in diesem Buch werden Sie lernen, wie Sie Kristalle und Halbedelsteine in einer psychischen Sitzung verwenden können. Es spielt keine Rolle, für welche Methode man sich entscheidet. Die »Werkzeuge« werden für den Menschen, der seine psychischen Fähigkeiten entwickelt, von zentraler Bedeutung – etwas, auf das er sich konzentriert, während er sich von seiner Intuition führen läßt. Das heißt nicht, daß Tarotkarten, Halbedelsteine usw. keine eigene Bedeutung besitzen, aber ihre grundlegende Bedeutung wird immer mehr als nur eine Interpretation zulassen. Wenn der psychisch Begabte seine Entwicklung genügend vorangetrieben hat, wird ihm seine eigene Intuition sagen, welche Interpretation in jedem einzelnen Fall die richtige ist. Darüber hinaus werden Sie feststellen, daß wenn Sie dieses Entwicklungsstadium erreicht haben, Sie im Verlaufe einer jeden Sitzung an einen Punkt gelangen, wo Sie nicht mehr Ihre physischen »Werkzeuge« benutzen, sondern Führung und Information übermitteln, die Sie auf einer psychischen Ebene empfangen haben.

Ein Mensch, der seine psychische Begabung gut entwickelt hat, sollte in der Lage sein, seinem Klienten etwas über dessen Vergangenheit, Gegenwart und Zukunft zu sagen. Doch seine Aufgabe besteht niemals darin, dem Fragenden Instruktionen zu geben, wie er sein Leben führen sollte, da ihm das seine Entscheidungsfreiheit nehmen würde. Es geht darum, die möglichen Wege aufzuzeigen und, wenn dies notwendig sein sollte, Bereiche, wo die gefährlichsten Fallen auftauchen könnten. Viele Menschen, die ein Medium konsultieren, tun dies, weil sie sich gerade in einem Tief befinden oder weil sie ein Gefühl der Hoffnungslosigkeit haben. Selbst das beste Medium muß sich daher selbst als Berater betrachten und es sollte sein Bestes tun, seinen Klienten mit Hoffnung im Herzen und Zuversicht für die Zukunft zu entlassen, ohne die Wahrheit zu verleugnen oder zu beschönigen. Wenn Sie danach streben, anderen Menschen mit Hilfe Ihrer eigenen psychischen Fähigkeiten zu helfen, vergessen Sie nicht, daß Sie große Verantwortung auf sich nehmen. Sie beschäftigen sich mit den Hoffnungen, Ängsten, Emotionen und Wünschen eines anderen menschlichen Wesens, das womöglich negative Gefühle empfindet, wenn es Sie das erste Mal konsultiert. Denken Sie auch daran, daß es keine Vorherbestimmung gibt und daß der Suchende seine eigenen Entscheidungen treffen und seinen eigenen Weg wählen muß. Es ist Ihre Aufgabe aufzuzeigen, welches diese Wege sein könnten und welche Entscheidungen er treffen könnte, aber niemals, die endgültigen Entscheidungen für den Klienten zu treffen.

Jeder Mensch hat die angeborene Fähigkeit, psychisch begabt oder intuitiv zu sein. Nicht jeder erkennt das – und die große Mehrheit der Menschen hat überhaupt kein Interesse an diesem Bereich der Persönlichkeitsentwicklung. Von denjenigen Menschen, die erkannt haben, daß eine solche Entwicklung möglich ist, werden einige die Methoden finden, das Talent zu entwickeln, das bereits in ihnen vorhanden ist. Es ist ähnlich der Begabung zu singen. Jeder kann einigermaßen richtig ein Liedchen trällern. Jeder kann seine Stimme ausbilden, so daß er besser singen lernt, obwohl es nur einigen gelingt, ein Pavarotti zu werden. Was zählt, ist die Erkenntnis des vorhandenen Talents und der Wunsch, sich zu verbessern.

Sollten Sie den Wunsch haben, Ihre psychischen Fähigkeiten zu entwickeln, können Sie dies entweder alleine oder in einer Gruppe tun. Wenn Sie sich für eine Gruppe entscheiden, sollten Sie einige wichtige Punkte berücksichtigen:

1. Die Gruppe sollte einen Leiter haben, der bereits Erfahrung mit psychischen Fähigkeiten besitzt oder ein Medium ist, so daß jeder einzelne vor negativen Einflüssen geschützt ist, die von einem der Mitglieder – wenn auch versehentlich – in die Gruppe gebracht werden.

2. Die Gruppe sollte nicht zu groß sein. Je mehr Menschen beteiligt sind, um so wahrscheinlicher ist es, daß ein Mitglied eine negative Phase in seinem Leben durchläuft und dies kann die anderen Gruppenmitglieder negativ beeinflussen.

3. Sie müssen das Gefühl haben, daß Sie zu den anderen Gruppenmitgliedern passen und daß Sie sich in einer gemeinsamen Absicht versammeln. Es wird immer Menschen geben, die sich gerne als etwas besonderes fühlen möchten und deren Motive, sich der Gruppe anzuschließen, absolut egoistisch sind und dies könnte den Fortschritt der anderen Mitglieder behindern.

4. Sie sollten Sympathie für den Gruppenleiter verspüren. Wenn Ihnen dieser Mensch bei Ihrer eigenen Entwicklung helfen soll, muß es jemand sein, den Sie mögen und dem Sie vertrauen, da Sie sich selbst in eine ziemlich verletzliche Position begeben und Sie müssen sich auf seine Zielsetzung und seine Kraft verlassen können.

Für welche Entwicklungsmethode Sie sich auch entscheiden, ob Sie Ihr eigenes Selbstbewußtsein im Alleingang oder mit einer Gruppe vertiefen wollen, können Kristalle Ihren Fortschritt erleichtern. Welche angeborenen psychischen Fähigkeiten Sie auch besitzen, können Kristalle diese nur verstärken. Das soll nicht heißen, daß die Verwendung von Kristallen andere Formen der Entwicklung unnötig macht, sondern nur, daß diese dazu dienen kann, den Prozeß zu intensivieren und zu beschleunigen.

Bevor Sie beginnen, Ihre eigenen psychischen Fähigkeiten zu entwickeln, sollten Sie drei Dinge beachten:

1. Es ist notwendig, daß Sie Ihr eigenes, angeborenes psychisches Bewußtsein erkennen und akzeptieren, wie ungezielt dieses im Augenblick auch sein mag.

2. Der Wunsch, sich zu entwickeln, muß in Ihnen vorhanden sein. Obwohl Sie Hilfe und Führung erhalten werden, gibt es keinen »Zauberstab«, den Sie nur zu heben brauchen; Sie müssen vielmehr hart arbeiten, um eine Fähigkeit tatsächlich auszubilden.

3. Was ist der Grund für Ihren Wunsch, sich zu entwickeln? Hoffentlich liegt der Grund darin, daß Sie anderen Menschen helfen und sich Ihrer egoistischen Gründe bewußter werden wollen. Wie bereits gesagt, werden Sie tatsächlich ein großes Maß an persönlicher Befriedigung daraus ziehen, anderen helfen zu können. Es gibt andererseits Menschen, die ihre psychischen Fähigkeiten aus völlig verkehrten Gründen entfalten wollen –, beispielsweise um persönliche Macht über andere zu erlangen. Sie können sicher sein, daß die spirituellen Gesetze und die Gesetze des Karma immer dafür sorgen werden, daß solche Menschen die Strafe für den Mißbrauch ihrer psychischen Talente bezahlen müssen. Das bedeutet nicht, daß es falsch ist, sich seinen Lebensunterhalt damit zu verdienen, daß man seine psychischen Fähigkeiten anwendet, um anderen Menschen zu helfen und sie zu beraten, ebensowenig wie es verkehrt ist, daß irgendein anderer Berater seinen Lebensunterhalt verdient, indem er anderen Menschen in der Art und Weise, in der er ausgebildet worden ist, Hilfe und Rat zuteil werden läßt.

Eine Warnung: Es ist nicht ratsam, Ihre eigene psychische Entwicklung zu einem Zeitpunkt im Leben zu beginnen, wo Sie sich deprimiert oder unwohl fühlen. Es wird viel schwieriger für Sie sein, bedeutende Fortschritte zu erzielen und darüber hinaus kann es vorkommen, daß die Energien Sie aufzehren, die Sie dazu benötigen, um Ihren Gesamtzustand zu verbessern. Wenn Sie sich deprimiert oder körperlich unwohl fühlen, sollten Sie lieber Hilfe suchen, um Ihre Situation zu verbessern, bevor Sie mit Ihrer eigenen Entwicklung beginnen.

In diesem Kapitel finden Sie verschiedene Entwicklungsmethoden, die Sie entweder alleine oder in einer Gruppe durchführen können. Sie werden einige der Techniken, die Ihnen zusagen, ausprobieren müssen – aber bitte nehmen Sie sich Zeit dazu. Es besteht kein Anlaß, Methode 1 am ersten Tag, Methode 2 am zweiten Tag usw. auszuprobieren. Jede Übung sollte über einen Zeitraum von zwei bis drei Wochen praktiziert werden, wobei Sie während dieser Zeit darauf achten sollten, wie leicht oder wie schwer Ihnen die jeweilige Übung fällt, ob Sie das Gefühl hatten, daß diese Methode Ihrer Persönlichkeit entspricht und falls dies der Fall war, welche Erfolge erzielt wurden. Erst wenn Sie dies der Reihe nach mit jeder Übung gemacht haben, werden Sie in der Lage sein, die Übungen miteinander zu vergleichen und sich zu entscheiden, auf welche Übung (es können auch mehrere sein) Sie sich konzentrieren wollen, um Ihre eigene Entwicklung zu unterstützen.

Obwohl kein Zweifel daran besteht, daß zu bestimmten Zeiten in Ihrem Leben Dinge eingetreten sind, die Sie »vorausgesehen« haben, oder wo Sie etwas über einen anderen Menschen »gewußt« haben, ohne daß Ihnen dieser Mensch tatsächlich etwas darüber erzählt hat, fragen sich viele, ob dies nicht »Einbildung« oder »Zufall« war. Es ist nicht schlecht zu zweifeln – es zeigt, daß Sie nicht so eingebildet oder von sich selbst eingenommen sind, daß Sie automatisch annehmen, daß Sie diese spezielle psychische Fähigkeit besitzen. Und nur die Menschen, die von Natur aus genug Demut besitzen, sind geeignet, ihre Talente zu benutzen, wenn diese erst einmal entwickelt sind, um anderen Menschen zu helfen. Wenn Sie erst einmal akzeptiert haben, daß Sie dieses angeborene Talent besitzen und daß es in der Tat keinen »Zufall« gibt, könnten Sie sich nun weiter fragen, ob Sie nicht verrückt sind, diese Fähigkeit noch weiter zu entwickeln und ob sich die Sache lohnt. Es ist wichtig, hier eine Überlegung anzustellen: Ob Sie nun glauben, daß Ihnen von Gott, geistigen Führern oder dem Geist (oder irgend ein anderes Wort, das Sie vielleicht benutzen) geholfen wird – warum sollte dieser »jemand« Sie bis zu dem Punkt Ihrer Entwicklung gebracht haben, nur um zuzulassen, daß Sie versagen oder einen Narren aus sich machen? Wenn Sie daher noch nicht in der Lage sind, Vertrauen in sich selbst und Ihre eigenen Fähigkeiten zu haben, legen Sie Ihr Vertrauen in diese Macht, die größer ist als Sie selbst, und die Ihnen dazu verhilft, sich genügend zu entwickeln, um Ihren Mitmenschen eine Hilfe zu sein. Mit welcher der Techniken, die später in diesem Kapitel beschrieben werden, Sie auch beginnen wollen, sollten Sie zunächst noch ein paar Voraussetzungen beachten:

1. Versuchen Sie, sich regelmäßig Zeit für Ihre Entwicklung zu nehmen. Es ist nicht wichtig, ob Sie dies täglich, zweimal in der Woche oder sogar nur wöchentlich tun – es kommt auf die Regelmäßigkeit an.

2. Benutzen Sie immer einen Ihrer eigenen Kristalle, der von Ihnen gereinigt und aufgeladen wurde. Der Kristall, den Sie dazu benutzen, Sie in Ihrer psychischen Entwicklung zu unterstützen, sollte zu diesem Zweck separat aufbewahrt und zu keinem anderen Zweck benutzt werden.

3. Bevor Sie mit jeder Übung beginnen, nehmen Sie sich Zeit, um Führung und Schutz aus der geistigen Welt zu erbitten.

4. Vergessen Sie niemals, sich einige Augenblicke lang von dem reinen, weißen Licht des Schutzes zu umgeben. Egal für welche Kräfte in Ihrem Umfeld Sie sich öffnen, wenn Sie nicht als erstes darauf achten, daß Sie geschützt sind, wäre dies so, wie wenn Sie Ihr Haus verlassen und die Haustüre nicht hinter sich schließen. Vielleicht haben Sie Glück, und ein Freund betritt Ihr Haus, um nach dem Rechten zu sehen – aber Sie könnten auch Pech haben und bei Ihrer Rückkehr feststellen, daß die Vandalen darin gehaust haben. Daher ist es absolut wesentlich, daß Sie dafür sorgen, daß Sie gut geschützt sind, bevor Sie irgend eines Ihrer psychischen Zentren öffnen.

Entwicklungsübungen für eine Person

Übung 1

Wenn Sie erst einmal einige Erfahrungen darin haben, die Chakras zu öffnen und zu aktivieren (wie im vorherigen Kapitel erklärt wurde), entspannen Sie sich und halten Sie Ihren Kristall in beiden Händen mit der Spitze nach oben. Visualisieren Sie, daß sich die Chakras eines nach dem anderen öffnen, beginnend mit dem Basischakra aufwärts. Wenn Sie das Scheitelchakra erreicht und geöffnet haben, behalten Sie dieselbe Position zehn oder fünfzehn Minuten lang bei und beobachten Ihre Wahrnehmungen, ob diese nun visuell, hörbar oder symbolisch sind. Bevor Sie Ihre Augen öffnen und Ihre Erfahrungen aufzeichnen, achten Sie darauf, daß Sie visualisieren, wie sich alle Chakras nacheinander wieder schließen, beginnend mit dem Scheitelchakra bis hinunter zum Basischakra.

Übung 2

Für diese Übung können Sie entweder einen Bergkristall oder einen Amethyst verwenden. Schließen Sie Ihre Augen und entspannen Sie sich, wobei Sie darauf achten, daß Ihr Atem leicht und regelmäßig ist. Stellen Sie sich vor, wie sich die Chakras in der gewohnten Weise öffnen, beginnend mit dem Basischakra aufwärts. Halten Sie Ihren Kristall locker in der Hand und richten Sie ihn auf das dritte Auge. Lassen Sie ihn dort einige Augenblicke lang verweilen, bevor Sie Ihre Hand wieder senken und sich entspannen – wobei Sie den Kristall immer noch in der Hand halten. Bleiben Sie zehn oder fünfzehn Minuten lang in dieser Position und achten Sie auf alles, was Sie wahrnehmen. Auch in diesem Fall ist es ausgesprochen wichtig, daß Sie alle Chakras schließen, bevor Sie Ihre Augen öffnen, wie in der vorherigen Übung, damit Sie nicht mehr verletzbar sind, wenn Sie die Übung beendet haben.

Übung 3

Legen Sie sich auf ein Bett oder den Fußboden, wobei Sie vier oder fünf kleine, aufgeladene Kristalle in einem Halbkreis so um Ihren Kopf plazieren, daß die Spitzen der Kristalle auf Sie gerichtet sind (vgl. Abb. 13). Legen Sie einen aufgeladenen Amethyst auf Ihr drittes Auge, schließen Sie die Augen und entspannen Sie sich. Behalten Sie diese Lage zehn oder fünfzehn Minuten lang bei. (Sie werden womöglich feststellen, daß Sie bei dieser Übung die ersten Male nichts anderes wahrnehmen als farbige Lichtblitze, aber das ist ganz normal und bedeutet nicht, daß Sie etwas falsch machen.) Entfernen Sie den Amethyst von Ihrer Stirn, öffnen Sie Ihre Augen und setzen Sie sich langsam auf.

Abb. 13

Übung 4

Setzen Sie sich ruhig mit geschlossenen Augen hin und halten Sie einen großen, aufgeladenen Kristall in beiden Händen, die in Ihrem Schoß ruhen. Visualisieren Sie, daß sich die Chakras öffnen und verweilen Sie einige Minuten lang in einem entspannten und meditativen Zustand, bevor Sie Ihre Augen öffnen, den Kristall in einer bequemen Höhe halten und in das Herz des Kristalles hineinstarren. Konzentrieren Sie Ihre Aufmerksamkeit wirklich auf die innere Tiefe des Kristalls und achten Sie darauf, welche Bilder auftauchen. Manchmal sind diese Bilder verschwommen und ein anderes Mal ist das »Bild« extrem scharf und leicht zu erkennen. Sobald Sie feststellen, daß Ihre Aufmerksamkeit abschweift, legen Sie Ihre Hände mit dem Kristall wieder in Ihren Schoß, schließen Ihre Augen und visualisieren, daß sich die Chakras schließen, beginnend mit dem Scheitelchakra bis hinunter zum Basischakra.

Übung 5

Setzen Sie sich auf den Fußboden in einen Kreis von aufgeladenen Kristallen. Schließen Sie Ihre Augen und visualisieren Sie, wie sich die Chakras nacheinander öffnen. Begeben Sie sich im Geist auf einen imaginären »Spaziergang«. Sie können sich an einen Ort begeben, mit dem Sie vertraut sind, oder aber auch an einen Platz, den Sie einzig und allein in Ihrer Phantasie erschaffen. Passen Sie jedoch auf, daß es ein Spaziergang ist, den Sie genießen würden – ob dies am Meer, in den Bergen oder in einer ländlichen Gegend ist. Auch wenn Sie im Geiste einen Weg beschreiten, werden Sie nach einigen Minuten feststellen, daß Bilder auftauchen, die scheinbar in keinem Zusammenhang damit stehen. Versuchen Sie nicht, dies zu verhindern, sondern seien Sie ganz einfach ein Beobachter und sehen Sie zu, was geschieht, aber zwingen Sie die Bilder in keinster Weise. Fahren Sie damit fort, so lange es Ihnen angenehm ist, bevor Sie sich entspannen, Ihre Chakras nacheinander wieder zu schließen und Ihre Augen zu öffnen.

Welche Übung Sie auch gemacht haben, es ist immer wichtig, daß Sie sich für die Führung und den Schutz bedanken, den Sie erhalten haben, da Sie schließlich darum gebeten haben. Vergessen Sie daher niemals, dies zu tun.

Versuchen Sie, sich über alles, was Sie während der Übung gesehen und erfahren haben, so bald wie möglich Aufzeichnungen zu machen, wenn die Übung beendet ist und Ihnen Ihre Erlebnisse noch frisch im Gedächtnis sind. Sie werden überrascht sein, wie schnell die Bilder verschwimmen oder ungenau werden, besonders wenn Sie symbolisch und nicht realistisch sind. Machen Sie sich keine Sorgen, wenn das, was Sie gesehen haben, keinen Sinn ergibt – es kann sein, daß Ihnen die wahre Bedeutung der Bilder eine Zeitlang nicht klar wird. Darüber hinaus sollten Sie nicht das Gefühl haben, versagt zu haben, wenn Sie nichts empfinden oder erfahren. Alles, was wertvoll ist, braucht Zeit, um erreicht zu werden und Sie dürfen nicht jedes Mal wunderbare Resultate erwarten. Aber selbst wenn Sie nichts von Bedeutung in Ihr Notizbuch eintragen können, haben Sie Zeit damit verbracht, immer mehr in Einklang mit Ihrem höheren Selbst zu kommen und das ist natürlich ein wesentlicher Teil Ihrer Entwicklung.

Entwicklungsübungen für zwei Personen

Damit diese Übungen Erfolg haben, ist es wesentlich, daß die beiden Menschen sich miteinander wohlfühlen und auf dasselbe Ziel hinarbeiten. Darüber hinaus sollten die Kristalle, die Sie benutzen, zusammenpassen.

Manchmal verwenden zwei Menschen, die für ihre psychische Entwicklung zusammenarbeiten wollen, in den Übungen die beiden Hälften ein und desselben Kristalls. Wenn Sie sich dazu entscheiden, müssen Sie sichergehen, daß jede Hälfte des Kristalles erneut gereinigt und aufgeladen wird, nachdem der Kristall zerschnitten wurde.

Übung 1

Setzen Sie sich von Angesicht zu Angesicht gegenüber, wobei jeder seinen eigenen Kristall in der Hand hält. Öffnen Sie nacheinander Ihre Chakras, wobei die Augen geschlossen sind. Nachdem Sie dies getan haben, sollten Sie beide Ihren Kristall leicht an die Stirn in Höhe des dritten Auges halten. Nach einigen Augenblicken sollten Sie sich entspannen und Ihren Kristall locker in der Hand halten, wobei die Hand im Schoß liegt. Verweilen Sie in dieser Position zehn oder fünfzehn Minuten lang, bevor Sie die Chakras wieder schließen und Ihre Augen öffnen. Wenn Sie später Ihre Aufzeichnungen vergleichen, werden Sie überrascht sein, wie oft Ihre Empfindungen und Bilder übereinstimmen oder sich ergänzen.

Übung 2

Bei dieser Übung setzt sich eine Person auf einen Stuhl mit gerader Lehne, während die andere hinter ihm steht. Beide sollten die Augen schließen und derjenige, der steht, sollte einen kleinen Kristall langsam im Uhrzeigersinn über dem Kopf des Sitzenden kreisen lassen. Gleichzeitig sollte er einen kleinen Kristall leicht auf sein drittes Auge drücken. Obwohl man bei den ersten Malen dieser Übung keine anderen Wahrnehmungen als Licht oder Farbe haben kann, sollte derjenige, der steht, schließlich Informationen oder Bilder empfangen, die eine besondere Bedeutung für denjenigen haben, der sitzt. Natürlich müssen Sie darauf achten, daß nach der Übung das Scheitelchakra und das dritte Auge bei jedem von Ihnen wieder geschlossen wird, bevor Sie Ihre Augen öffnen.

Übung 3

Um festzustellen, ob eine telepathische Verbindung zwischen Ihnen besteht, sollten Sie sich beide mit geschlossenen Augen von Angesicht zu Angesicht gegenübersitzen. Während Sie Ihren Kristall in beiden Händen halten, sollte sich jeder von Ihnen auf die Öffnung seiner Chakras konzentrieren, wobei er wie gewöhnlich vom Basischakra zum Scheitelchakra arbeitet. Daraufhin sollten Sie ein intensives weißes Licht visualisieren, das zwischen Ihrem dritten Auge entsteht und Ihre Chakras miteinander verbindet. Eine Person sollte sich einige Augenblicke lang auf ein bestimmtes Bild konzentrieren (von dem der andere vorher nichts weiß), während der andere rezeptiv ist, um wahrzunehmen, ob er dieses Bild von seinem Partner empfangen kann. Achten Sie darauf, daß Sie sich entspannen und Ihre Chakras schließen, bevor Sie die Augen öffnen und besprechen, was Sie erlebt haben. Seien Sie nicht unzufrieden, wenn Sie beim ersten Mal, wo Sie diese Übung praktizieren, keine speziellen Bilder übermitteln oder empfangen können. Selbst Menschen, bei denen sich später herausgestellt hat, daß sie über eine ausgesprochen starke telepathische Begabung verfügen, mußten üben, um diesen Zustand zu erreichen und hatten nicht gleich beim ersten Versuch Erfolg.

Entwicklungsübungen für Gruppen

Wenn ein Gruppenmitglied bereits über Erfahrung verfügt, ist es oft hilfreich, wenn es den anderen Gruppenmitgliedern Anweisungen gibt (beispielsweise zum Öffnen und zum Schließen der Chakras), so daß die Übung synchron abläuft.

Übung 1

Setzen Sie sich in einen Kreis, wobei jedes Gruppenmitglied seinen eigenen aufgeladenen Kristall in der Hand hält. Schließen Sie Ihre Augen. Jedes Mitglied der Gruppe sollte einige Augenblicke in stiller Meditation verbringen und seine Chakras in der bereits beschriebenen Weise öffnen – immer beginnend mit dem Basischakra bis hinauf zum Scheitelchakra. Wenn dies getan ist, sollte jeder ein intensives weißes Licht visualisieren, das sich im Uhrzeigersinn einige Male um den Kreis bewegt. Danach verweilen Sie ungefähr zehn oder fünfzehn Minuten lang ruhig in dem Kreis, während jeder die Empfindungen oder Bilder wahrnimmt. Bevor Sie am Schluß der Übung die Augen öffnen, denken Sie daran, daß jeder seine Chakras wieder geschlossen hat, angefangen vom Scheitelchakra bis hinunter zum Basischakra.

Übung 2

Setzen Sie sich im Kreis um mehrere große Kristalle – wobei Sie entweder Bergkristall oder Amethyst verwenden (aber nicht beide zusammen). Nun schließt jeder seine Augen und konzentriert sich darauf, seine Chakras zu öffnen, immer beginnend beim Basischakra, bis jeder sein Scheitelchakra erreicht. Entspannen Sie sich und konzentrieren Sie sich auf Ihren Atemrhythmus und auf das Gefühl der Harmonie zwischen den einzelnen Gruppenmitgliedern. Visualisieren Sie einen intensiven Lichtstrahl (weiß, wenn Sie Bergkristalle verwenden oder violett, wenn Sie Amethyste verwenden), der von der Kristallgruppe in der Mitte des Kreises ausgeht und in das dritte Auge einströmt. Bei einer Gruppenübung dieser Art werden Sie feststellen, daß Sie Gefühle und Emotionen anstatt konkreter Bilder wahrnehmen. Nach ungefähr zehn Minuten sollte sich jeder entspannen und die Zeit nehmen, seine Chakras zu schließen, bevor er die Augen öffnet.

Übung 3

Legen Sie einen großen Kristall in die Mitte des Raumes und setzen Sie sich in einem Kreis um ihn herum. Jedes Gruppenmitglied sollte seinen persönlichen Entwicklungskristall in beiden

Händen halten. Wenn Sie Ihre Augen geschlossen und die Chakras in der gewohnten Weise geöffnet haben, sollte jeder seinen persönlichen Kristall in Höhe des dritten Auges halten und den entsprechenden Punkt auf seiner Stirn sanft damit berühren. Verweilen Sie einige Augenblicke lang in dieser Position, bevor Sie den Kristall wieder sinken lassen und konzentrieren Sie sich auf alle Empfindungen, die in Ihnen auftauchen. Bleiben Sie ungefähr zehn oder fünfzehn Minuten lang in dieser Position, bevor Sie Ihre Chakras wieder schließen und die Augen öffnen.

Auch wenn Sie mit anderen Menschen in dieser Weise arbeiten, ist es ebenso wichtig, sich über Ihre Erfahrungen Aufzeichnungen zu machen und zwar sowohl einzeln als auch als Gruppe. Einer der Vorteile der Zusammenarbeit besteht darin, daß Ihnen dies die Möglichkeit gibt, zu erörtern, was jedes Gruppenmitglied erfahren hat und zu verstehen versuchen, welche Bedeutung die symbolischen Bilder haben. Wenn ein Gruppenmitglied bereits Erfahrung besitzt, was wünschenswert wäre, könnte es den Gruppenmitgliedern in bezug auf die mögliche Interpretation der empfangenen Bilder helfen.

Wenn in einer Gruppe eine Entwicklung stattfinden soll, ist es üblich, daß ein Gruppenmitglied – nicht unbedingt derjenige, der die meiste Erfahrung besitzt – das Eröffnungsgebet spricht, indem es um Hilfe und Führung bittet und am Ende für die Führung und den Schutz, die der Gruppe zuteil geworden sind, dankt.

Sie kennen nun einige Übungen, die Sie ausprobieren können, um Ihre eigene psychische Entwicklung zu unterstützen. Zu einigen der Übungen werden Sie sich wirklich hingezogen fühlen, zu anderen wiederum nicht – und so sollte es auch sein. Wir sind alle verschieden. Auch unsere Kristalle sind verschieden und jeder Kristall besitzt seine eigene Persönlichkeit, obwohl jeder die Fähigkeit besitzt, die Energie, die wir empfangen, zu verstärken. Das bedeutet nicht, daß Sie nicht gut beraten wären, jede der Übungen selbst auszuprobieren und zu erkennen, mit welcher der Übungen Sie sich am wohlsten fühlen.

Nachfolgend finden Sie noch einige Hinweise, die Ihnen hilfreich sein könnten, wenn Sie die verschiedenen Übungen zur psychischen Entwicklung praktizieren:

- Beginnen Sie immer damit, um Hilfe und Führung bei Ihrer eigenen Entwicklung zu bitten.
- Beginnen Sie eine Übung niemals, ohne als erstes darauf zu achten, daß Sie von dem weißen Licht des psychischen Schutzes umgeben sind.
- Öffnen und aktivieren Sie die Chakras vom Basischakra bis zum Scheitelchakra und schließen Sie sie am Ende der Übung in umgekehrter Richtung.
- Achten Sie darauf, daß die Kristalle, die Sie benutzen, aufgeladen und gereinigt worden sind und laden Sie sie des öfteren erneut auf.
- Wenn Sie mit einer Gruppe (oder mit einer anderen Person) arbeiten, denken Sie daran, daß Sie alle die gleichen Motive haben und auf dasselbe selbstlose Ziel hinarbeiten sollten.
- Vergessen Sie niemals, die Übung damit zu beenden, daß Sie für jede Hilfe, jeden Schutz und jede Führung, die Ihnen zuteil geworden ist, danken.
- Praktizieren Sie jede Übung mindestens zwei Wochen lang, bevor Sie zur nächsten übergehen. Machen Sie dies, selbst wenn Sie das Gefühl haben, daß eine bestimmte Übung nicht zu Ihnen paßt. Sie werden von den Ergebnissen, die Sie nach einigen Tagen der Übung erzielen, womöglich angenehm überrascht sein.
- Machen Sie sich immer Notizen über das, was Sie gesehen, gefühlt und erfahren haben, selbst wenn Sie nicht in der Lage sind, die Bedeutung der Bilder zu verstehen. Die wahre Bedeutung wird Ihnen möglicherweise erst viel später klar.
- Vor allem verzweifeln Sie nicht, wenn Sie nicht so schnell Fortschritte machen, wie Sie gerne möchten oder wenn Sie keine klaren und sinnvollen Bilder und Botschaften empfangen. Denken Sie daran, daß alles, was wertvoll ist, Zeit erfordert und jeder Schritt auf diesem Weg bedeutungsvoll ist, selbst wenn diese Bedeutung nicht leicht zu erkennen ist.
- Genießen Sie die Übungen. Sie haben sich dazu entschieden, Ihr Bewußtsein zu erweitern und Ihre Sensitivität zu steigern. Vorausgesetzt Sie tun dies aus den richtigen Motiven, werden Sie die notwendige Hilfe und Führung erhalten.

5

Wie man seine Medialität entwickeln kann

Die Überschrift dieses Kapitels wurde absichtlich gewählt. Das hier Beschriebene dient dazu, Ihnen bei der Entwicklung Ihrer medialen Fähigkeiten zu helfen, aber es ist nur als ein Meilenstein auf Ihrer Reise gedacht. Eine umfassende Ausbildung sollte nur unter der Führung eines erfahrenen und kompetenten Mediums erfolgen, das Ihnen persönlich helfen kann. Sie können sich dieser Entwicklung allein oder, was üblicher ist, in einem Kreis unterziehen, der der Führung eines Mediums untersteht. Für welche Methode Sie sich letztlich entscheiden, wenn Sie einige Zeit die Technik, die in diesem Kapitel beschrieben wird, praktizieren, haben Sie bereits begonnen, Ihr eigenes spirituelles Bewußtsein zu entwickeln.

An diesem Punkt ist es wichtig, einen Augenblick lang innezuhalten und einmal zu betrachten, was mit Medialität gemeint ist und zwischen diesen Formen von Bewußtheit und psychischer Entwicklung zu unterscheiden, die im vorherigen Kapitel dargestellt wurden. Medialität beinhaltet den Kontakt mit Geistwesen, die ihre irdische Existenz beendet und in das jenseitige Leben eingegangen sind. Ein professionelles Medium kann einen Beweis für das Weiterleben dieser Seelen erbringen, sowie denjenigen, mit denen sie in Kontakt treten, helfen, Trost spenden und geistigen Frieden verschaffen.

In der Tat gibt es viele verschiedene Formen von Bewußtsein. Nicht jedes Medium ist hellseherisch – das bedeutet, jemand, der tatsächlich sieht, was er beschreibt. Nicht jedes Medium ist hellhörig und hört Stimmen und Worte – einige hervorragende Medien konnten nur die Empfindung ausdrücken, mittels derer sie ihr »Wissen« bezogen und sie sind in der Lage, die Dinge, die sie empfangen, zu beschreiben, selbst wenn sie keine visuellen Bilder sehen oder keine Stimmen hören. Keine dieser Methoden ist besser als eine andere und Sie können nur durch Experimentieren herausfinden, welche Art von Medialität in Ihnen angelegt ist.

Manche Medien, und dazu könnten auch Sie gehören, verfügen über mehr als eine Form des Bewußtseins und können die Dinge, die sie zum Ausdruck bringen, sowohl »sehen« als auch »hören«.

Welche medialen Fähigkeiten Sie nun auch besitzen, Ihre Reise zur Ausbildung dieser Fähigkeiten kann durch die Verwendung von Bergkristallen beschleunigt und unterstützt werden. Wie wir bereits gesehen haben, verstärkt ein Bergkristall Energie und die zusätzliche Kraft der Kristalle kann eine große Hilfe sein, da bei der Medialität Gedankenenergie verwendet wird.

Für diejenigen, die sich zu einem Medium entwickeln wollen, ist es von besonderer Wichtigkeit, daß sie den richtigen Kristall auswählen. Am besten wäre es, wenn Sie unter mehreren Kristallen wählen könnten. Nehmen Sie jeden Kristall der Reihe nach in die Hand und achten Sie auf Ihre Reaktionen. Wenn Sie im Bereich Ihrer Stirn oder auf dem Scheitel ein prickelndes Gefühl wahrnehmen, haben Sie den Kristall gefunden, der am besten zu Ihnen paßt. (Bevor und nachdem Sie jeden Kristall in die Hand genommen haben, sollten Sie Ihre Hände ausschütteln, da Sie sonst einen Energiestau spüren, nachdem Sie eine Anzahl verschiedener Kristalle in der Hand gehalten haben und dies sollte hier vermieden werden.)

Wenn Sie den Kristall ausgesucht haben, den Sie dazu benutzen wollen, Sie in Ihrer Entwicklung zu unterstützen, ist es von wesentlicher Bedeutung, daß Sie ihn reinigen und aufladen. Wenn Sie dies getan haben, sollten Sie den Kristall vollkommen separat von anderen Kristallen aufbewahren und ihn unter keinen Umständen von anderen Personen berühren lassen.

Wenn Sie einen Bergkristall verwenden, werden Sie feststellen, daß Ihr spirituelles Bewußtsein ziemlich rasch zunimmt. Es ist wichtig, daß Sie Ihre Übung zur Routine machen und sie in regelmäßigen Abständen praktizieren. Seien Sie nicht unrealistisch. Es besteht kein Grund, daß Sie sich Ziele setzen, die Sie nicht annähernd einhalten können. Viel besser ist es, sich vorzunehmen, einmal in der Woche zu üben und diese Routine einzuhalten, anstatt sich zu versprechen, sich jeden Tag Zeit zu nehmen, nur um dann festzustellen, daß die Umstände dies nicht erlauben. Nachfolgend finden Sie die Grundübungen für die ersten Entwicklungsstadien zur Medialität. Machen Sie sich Notizen über alle Ihre Wahrnehmungen und seien Sie nicht enttäuscht, wenn Sie nicht gleich definitive Erfolge zu haben scheinen. Das ist ganz normal und die Zeit, die es in den Frühstadien erfordert, um sich positiver Resultate bewußt zu werden, ist bei jedem unterschiedlich. Es gibt kein allgemeingültiges Zeitlimit, bis zu dem Sie üben müssen, bevor Sie bereit sind, unter der Führung eines erfahrenen Mediums zum nächsten Stadium Ihrer Entwicklung überzugehen.

1. Der richtige Ort und die richtige Zeit

Sie sollten sich sowohl einen Ort als auch eine Zeit aussuchen, wo Sie nicht gestört werden. Wenn Sie für eine bestimmte Zeit am Tag alleine sein können, wäre dies ideal. Wenn nicht, müssen Sie sich einen Raum reservieren, wo Sie die Tür vor der Außenwelt verschließen können und wissen, daß niemand in Ihre Privatsphäre eindringen kann. Hängen Sie, wenn möglich, das Telefon aus – das Läuten des Telefons würde Ihnen in diesem Stadium keinen Schaden zufügen, aber schließlich wollen Sie bei Ihrer Übung nicht gestört werden.

2. Bitten Sie um Hilfe

Wenn Sie Ihren ruhigen Ort und Ihre ungestörte Zeit gefunden und sich nun mit Ihrem Kristall auf einen Stuhl gesetzt haben, müssen Sie die geistige Welt um Hilfe und Führung bitten. Keinem Medium würde es einfallen, seine Arbeit zu beginnen, ohne um diese Führung sowie um Schutz gebeten zu haben. Die Worte, die Sie dabei verwenden, können sich unterscheiden, aber dies hat nur wenig Bedeutung. Es spielt keine Rolle, ob Sie dabei an den »Geist«, den »Vater« oder »Gott« oder irgendein anderes Wort denken, das für Sie die Kraft der allumfassenden Liebe symbolisiert, die Sie auf Ihrem Weg führt. Was wesentlich ist, ist Ihre Anerkennung dieser spirituellen Kraft und Ihr Eingeständnis, daß Sie ihre Hilfe brauchen. Die besten Medien, wie auch die besten Heiler, geben bereitwillig zu, daß sie nichts anderes sind als Werkzeuge eines göttlichen, spirituellen Lehrers, der ihnen die Möglichkeit gegeben hat, sich ausreichend zu entwickeln, um die Botschaften aus der jenseitigen Welt zu empfangen.

3. Entspannung

Setzen Sie sich in einen Stuhl mit aufrechter Lehne und halten Sie Ihren Kristall in der linken Hand. Nehmen Sie sich Zeit und machen Sie eine Entspannungsübung. Beginnen Sie bei Ihren Füßen, spannen und entspannen Sie jeden Muskel der Reihe nach, wobei Sie sich über die Beine, Schenkel und Gesäß hinauf zum Oberkörper arbeiten. Achten Sie bei jedem Körperbereich darauf, daß Sie tatsächlich den Unterschied zwischen Spannung und Entspannung Ihrer Muskeln spüren können. Lenken Sie Ihre Aufmerksamkeit dann auf Ihre Hände, Ihre Arme und Ihre Schultern, wobei Sie in der gleichen Weise verfahren. Nun kommen Sie zum wichtigsten – und schwierigsten – Bereich. Nehmen Sie sich viel Zeit, die Muskeln Ihres Nackens und Ihres Kiefers anzuspannen und zu entspannen. In diesem Bereich und im Kopf baut sich diese Spannung im Verlaufe des Alltagslebens am häufigsten auf. Und in diesen Bereichen ist es am wichtigsten, diese Spannung zu lösen; schließlich sind es die höheren Chakras, die an Ihrer spirituellen Entwicklung beteiligt sind und die dazu beitragen, daß Sie die Gedankenkräfte empfangen, die einer höheren Dimension entstammen.

Mit der Zeit wird es Ihnen immer leichter fallen, sich zu entspannen – und das wird Ihnen in Ihrem täglichen Leben ebenso von Vorteil sein wie bei Ihrer spirituellen Entwicklung.

4. Öffnung der Chakras

Verwenden Sie die Methode, die in einem der vorigen Kapitel beschrieben ist und beginnen Sie beim Wurzelchakra. Konzentrieren Sie sich der Reihe nach auf jedes Chakra. Lassen Sie sich bei diesem Prozeß Zeit, besonders wenn Sie das Stirn- und Scheitelchakra erreichen. Schließlich öffnen Sie die Tür zur geistigen Welt und wollen sicher sein, daß Sie tatsächlich ganz offen ist.

5. Meditation

Beginnen Sie damit, einen Strom von Energie und Licht zwischen dem Kristall, den Sie in der Hand halten, und Ihrem dritten Auge zu visualisieren. Halten Sie das Bild im Geiste so lange Sie können aufrecht, aber wenn Ihre Gedanken abschweifen und andere

Gedanken auftauchen, lassen Sie dies ruhig geschehen. Diese Gedanken, Gefühle und Bilder – die zu Anfang zufällig auftauchen – sind die Anfänge eines erweiterten Bewußtseins. Manche Menschen raten, »ihren Geist leer werden zu lassen«, aber das ist solange ganz und gar unmöglich, bis man eine sehr fortgeschrittene Entwicklung erreicht hat. Sonst führt es nur dazu, daß man bei seinen Versuchen enttäuscht wird und diese »Leere« nicht erreicht. Versuchen Sie nicht, die Gedanken, die in Ihnen auftauchen, in eine bestimmte Richtung zu lenken, sondern versuchen Sie vielmehr, ein »Beobachter« zu sein, zu beobachten, was auftaucht, ohne eine logische Erklärung dafür zu suchen. Es spielt keine Rolle, wenn Sie am Anfang nicht in der Lage sind, die Bilder und Eindrücke zu verstehen, die in Ihnen auftauchen. Einige haben wenig oder überhaupt keine Relevanz und andere enthüllen ihre Bedeutung erst mit der Zeit.

6. Hören Sie auf, wenn Sie müde sind

Die Konzentration, die für diesen Prozeß erforderlich ist, kann ziemlich erschöpfend sein. Zwingen Sie sich niemals, mit der Übung fortzufahren, wenn Sie beginnen, sich müde zu fühlen. Nicht die Dauer der Zeit, die Sie eine Übung durchhalten, ist wichtig. Was zählt, ist die Regelmäßigkeit der Sitzungen. Wenn Sie bei einem Marathonlauf mitmachen wollen, würden Sie nicht nur einen einzigen langen Trainingslauf machen und glauben, daß Sie nun fit wären. Sie würden regelmäßig trainieren und Ihre Kraft und Ihr Durchhaltevermögen Schritt für Schritt erhöhen. Während der Meditationsphase werden Sie lernen, Ihre »spirituellen« anstatt Ihrer physischen Muskeln zu benutzen, aber auf diese trifft dasselbe zu. Am Anfang werden Sie sicherlich feststellen, daß ein Zeitraum von ungefähr zehn Minuten intensiver Konzentration absolut ausreicht und daß dies keine Schande ist.

7. Schließen der Chakras

Das Schließen der Chakras ist ebenso wichtig wie das anfängliche Öffnen. Schließlich wollen Sie nicht für unerwünschte Energien offen und verletzlich sein. Daher stellen Sie sicher, egal wie müde Sie sind, daß Sie auf diesen Prozeß immer ein wenig Zeit verwenden. Beginnen Sie immer mit dem Scheitelchakra und arbeiten Sie sich nach unten zum Wurzel- oder Basischakra.

8. Danken

Bevor Sie mit der Übung beginnen, nehmen Sie sich ein wenig Zeit, um um Hilfe und Führung auf Ihrem Weg zur spirituellen Bewußtheit zu bitten. Ebenso wichtig ist es, für die Hilfe und Führung zu danken, wenn Sie Ihre Übung abgeschlossen haben. Übergehen Sie diesen wesentlichen Teil des Prozesses nicht, da er Demut im Geiste und die Aufrichtigkeit Ihrer Absicht bezeugt, was beides wesentliche Eigenschaften eines Mediums sind.

9. Machen Sie sich Notizen

Nach jeder Übungssitzung sollten Sie daran denken, sich Notizen über das zu machen, was Sie gesehen, gehört oder erfahren haben. Selbst wenn die Bilder, die in Ihnen auftauchen, verschwommen und unzusammenhängend sind, können Sie eine tiefe Bedeutung haben, die Ihnen erst zu einem späteren Zeitpunkt klar wird. Glauben Sie niemals, daß Sie sich an alles erinnern werden, wenn Sie sich keine Notizen machen – das ist nicht der Fall. Und wenn Sie sich an etwas nur ungenau erinnern, können Sie tatsächlich die Bedeutung verfehlen.

Wenn Sie sich dazu entscheiden, daß Medialität die Richtung ist, die Sie gehen wollen, wird es Ihnen sicherlich helfen, diese neun Schritte zu befolgen. Aber ich möchte noch einmal betonen, daß es nur der Beginn der Reise ist und daß Sie gut beraten sind, die Hilfe eines erfahrenen Mediums in Anspruch zu nehmen, das Ihnen auf einer persönlichen Ebene helfen kann, wenn Sie erst einmal erkennen, daß Ihre Bewußtheit zunimmt. Ein Medium kann Sie darin unterstützen, das Verständnis über die Bedeutung der symbolischen Bilder zu vertiefen, die in Ihnen auftauchen, und begleitet Sie auf Ihrem Entwicklungsweg.

6
Kristalle und Astrologie

Astrologie ist sowohl eine Wissenschaft als auch eine Kunst. Obwohl es eine Zeit gab, wo die Gültigkeit und Wahrheit der Astrologie Opfer von Unglauben und sogar des Gespötts waren, akzeptieren heute immer mehr Menschen ihre Relevanz in unserem Leben.

So wie jedem Tierkreiszeichen in der Astrologie seine eigene Farbe und seine eigene besondere Blume zugeordnet wird, verbinden die Experten mit jedem Tierkreiszeichen auch einen bestimmten Edelstein. Da es mehr als einen Experten gibt, finden Sie leider zu jedem Tierkreiszeichen mehr als einen entsprechenden Kristall oder Edelstein. Ich habe nun die vorhandenen Tabellen studiert und versucht, Einzelheiten über die Edelsteine wiederzugeben, die den einzelnen Tierkreiszeichen am häufigsten zugeordnet werden.

Wenn nun jedem Zeichen im Tierkreis ein bestimmter Edelstein entspricht, würde es einleuchten, daß Menschen, die unter einem bestimmten Tierkreiszeichen geboren sind, gut daran täten, den entsprechenden Stein am Körper zu tragen. Das Horoskop berücksichtigt jedoch die Position eines jeden Planeten in dem Augenblick, in dem der Mensch geboren wurde und jeder Mensch besteht aus Charakteristika, die sich aus einer Kombination aller dieser Planetenkonstellationen ergeben. In gleicher Weise sollten Sie Ihren persönlichen Edelstein nicht nur deswegen auswählen, weil Sie zu einer bestimmten Zeit an einem bestimmten Tag geboren sind.

Sie sollten die typischen Merkmale jedes Tierkreiszeichens studieren, sich entscheiden, welche Ihrer eigenen Persönlichkeit am meisten entsprechen und den Edelstein auswählen, der mit diesem Zeichen verbunden ist. Darüber hinaus sollten Sie bedenken, daß sich die Persönlichkeit im Laufe der Zeit verändert; Sie werden feststellen, daß Sie sich besser fühlen, wenn Sie auch einmal einen anderen Edelstein tragen, da Ihr Temperament und Ihre

Wesensart zu verschiedenen Zeiten in Ihrem Leben Veränderungen unterworfen sind.

Auf den folgenden Seiten dieses Kapitels finden Sie Persönlichkeitstabellen, die Sie auch ergänzen können und die Ihnen darüber Aufschluß geben sollen, wie Ihr Charakter in diesem besonderen Stadium Ihres Lebens beschaffen ist. Studieren Sie alle Tabellen und kreuzen Sie die Punkte an, die Ihnen die passendsten Beschreibungen Ihrer Wesensart zu sein scheinen. Betrachten Sie dann alle Tabellen und sehen Sie nach, in welcher Tabelle Sie die meisten Kreuze gemacht haben. Wenn Sie dann die nachfolgende Auflistung zur Hand nehmen, können Sie erkennen, welche Zeichenmerkmale Ihnen zum gegenwärtigen Zeitpunkt am meisten entsprechen und welcher Edelstein oder Kristall diesem bestimmten Tierkreiszeichen entspricht. Wenn Sie herausfinden, daß mehr als ein Tierkreiszeichen zu passen scheint, bedeutet dies ganz einfach, daß Sie unter mehreren Edelsteinen auswählen können, um Ihre gegenwärtige Persönlichkeit zu erweitern.

Tabelle A

Positive Charakterzüge:	
unternehmungslustig	X
energiegeladen	X
freiheitsliebend	X
enthusiastisch	
abenteuerlustig	
offen im Umgang mit anderen	X
Negative Charakterzüge:	
ungeduldig	
impulsiv	
mangelnde Feinfühligkeit	
hitzköpfig	
egoistisch	X
ruhelos	X
Gesamtanzahl der Kreuze:	6

Tabelle B

Positive Charakterzüge:	
geduldig	X
zuverlässig	
praktisch	X
warmherzig	X
geschäftstüchtig	
bestimmt	
Liebe zu den angenehmen Dingen im Leben	X
Negative Charakterzüge:	
stur	
besitzergreifend	
wichtigtuerisch	
selbstgefällig	
habgierig	
Gesamtanzahl der Kreuze:	4

Tabelle C

Positive Charakterzüge:	
flexibel	X
intellektuell	
gute Kommunikationsfähigkeit	X
geistreich	
anpassungsfähig	X
logisch	X
jugendliche Erscheinung	X
Negative Charakterzüge:	
rastlos	
widersprüchlich	X
nervöse Lebensführung	
unbeständig	
ein Schwätzer	
Gesamtanzahl der Kreuze:	6

Tabelle D

Positive Charakterzüge:	
sensitiv	X
gütig	
sparsam	
intelligent	X
vorsichtig	
ausgeprägte Phantasie	X
ausgeprägter Familiensinn	X
Negative Charakterzüge:	
übersensibel	X
hitzköpfig	
nachtragend	
unordentlich	X
übertrieben emotional	X
Gesamtanzahl der Kreuze:	7

Tabelle E

Positive Charakterzüge:	
großzügig	X
kreativ	X
geistig aufgeschlossen	X
Mitgefühl	X
großherzig	X
enthusiastisch	
Negative Charakterzüge:	
wichtigtuerisch	
intolerant	
eingebildet	
übertriebene Machtbedürfnisse	
dogmatisch	
snobistisch	
Gesamtanzahl der Kreuze:	5

Tabelle F

Positive Charakterzüge:	
ordentlich	
bescheiden	
genau	
analytisch	
arbeitssam	
hilfsbereit	x
charmant	x
Negative Charakterzüge:	
übertrieben besorgt	
kleinlich	
überkritisch	
Schwierigkeiten, sich zu entspannen	
reserviert	
Gesamtanzahl der Kreuze:	2

Tabelle G

Positive Charakterzüge:	
charmant	X
romantisch	X
schönheitsliebend	X
idealistisch	
unbeschwert	
großzügig	X
Negative Charakterzüge:	
frivol	
zu leicht beeinflußbar	X
unentschlossen	
einfältig	
übelnehmerisch	
kokett	
Gesamtanzahl der Kreuze:	5

Tabelle H

Positive Charakterzüge:	
starke Gefühle	+
leidenschaftlich	+
stark	
ausgesprochen phantasievoll	
starke Anziehungskraft	+
bestimmt	
Negative Charakterzüge:	
eifersüchtig	
stur	
heimlichtuerisch	
argwöhnisch	
widerspenstig	
selbstgefällig	+
Gesamtanzahl der Kreuze:	4

Tabelle I

Positive Charakterzüge:	
optimistisch	X
flexibel	X
humorvoll	X
aufrichtig	X
zuverlässig	
philosophisch	X
Negative Charakterzüge:	
taktlos	
sorglos	
verantwortungslos	
Neigung zu übertreiben	
Extremist	
ruhelos	
Gesamtanzahl der Kreuze:	5

Tabelle J

Positive Charakterzüge:	
vertrauenswürdig	+
sensibel	+
geduldig	+
beharrlich	+
sorgfältig	
ehrgeizig	
vernünftig	
Negative Charakterzüge:	
pessimistisch	
geizig	
übertrieben konventionell	
steifes Benehmen	
Tendenz zu Depression	
Gesamtanzahl der Kreuze:	4

Tabelle K

Positive Charakterzüge:	
freundlich	X
vertrauenswürdig	X
idealistisch	
intelligent	X
humanitäre Einstellung	X
unabhängig	X
originelles Denken	
Negative Charakterzüge:	
rebellisch	
taktlos	
exzentrisch	
pervers	
widersprüchlich	
Gesamtanzahl der Kreuze:	5

Tabelle L

Positive Charakterzüge:	
mitfühlend	X
einfühlsam	X
gütig	
intuitiv	X
sensitiv	X
hilfsbereit	X
Negative Charakterzüge:	
unbestimmt	
leicht verwirrt	
schwache Willenskraft	
heimlichtuerisch	
lebensuntüchtig	
unentschlossen	
Gesamtanzahl der Kreuze:	5

Deutungen

Wenn Sie die Kreuze in jeder Persönlichkeitstabelle zusammengezählt haben, sollte offensichtlich werden, welche der Tabellen zum gegenwärtigen Zeitpunkt am meisten auf Sie zutrifft. Es könnte sich natürlich herausstellen, daß Sie in zwei oder mehreren Tabellen die gleiche Anzahl von Kreuzen gemacht haben – und dies sollte wirklich nicht allzusehr erstaunen, da jeder einen Charakter besitzt, der viele verschiedene Persönlichkeitsaspekte aufweist. In diesem Fall können Sie aus einer großen Anzahl von Steinen auswählen.

Denken Sie daran, daß Ihre gegenwärtige Persönlichkeit wichtig ist, nicht das Tierkreiszeichen, unter dem Sie geboren sind – obwohl die beiden natürlich in manchen Fällen übereinstimmen werden.

Tabelle A Ihr Charakter zeigt sehr ausgeprägte Merkmale des Tierkreiszeichens Widder. Der für Sie passendste Edelstein ist der Diamant, der Rubin oder der rote Jaspis (Silex).

Tabelle B Sie besitzen den typischen warmherzigen Stiercharakter. Wenn Sie ein Stiertyp sind, sollten Sie den Saphir oder Lapislazuli als persönlichen Edelstein auswählen.

Tabelle C Sie besitzen die lebhafte kommunikative Natur des Zwillingstyps und der passendste Stein für Sie ist der Zitrin oder einer der gelben Achate.

Tabelle D Die sensitive, verletzliche Persönlichkeit des Krebses entspricht Ihnen in dieser Lebensphase am meisten und der ideale Stein wäre für Sie die Perle oder der Mondstein.

Tabelle E Die Charaktermerkmale, die in dieser Tabelle aufgeführt sind, sind typisch für die Persönlichkeit der Menschen, die unter dem Zeichen Löwe geboren sind. Wenn Sie gerade ein Löwe-Stadium in Ihrem Leben durchlaufen, sollten Sie sich für das Tigerauge entscheiden.

Tabelle F Zum gegenwärtigen Augenblick besitzen Sie die Wesensart der hart arbeitenden Jungfrau. In diesem Fall sollten Sie den grünen Jaspis oder den Sardonyx bei sich tragen.

Tabelle G Sie besitzen das charmante, aber etwas unentschlossene Wesen des Waage-Geborenen. Um Ihre Persönlichkeit zu entwickeln, tun Sie gut daran, den Saphir als Ihren persönlichen Edelstein zu wählen.

Tabelle H Im Augenblick ähnelt Ihre Persönlichkeit am meisten dem leidenschaftlichen Skorpion. Wenn Sie ein Skorpiontyp sind, ist der geeignetste Stein für Sie der Rubin, der Opal oder der rote Jaspis (Silex).

Tabelle I Sie tragen die Charakterzüge des freiheitsliebenden Schützen und der für Sie passendste Stein ist der Topas.

Tabelle J Bestimmtheit und eine konventionelle Einstellung sind typisch für den Steinbocktyp und scheinen zum gegenwärtigen Zeitpunkt Facetten Ihrer Persönlichkeit zu sein. Wenn dies der Fall ist, sollten Sie sich einen Türkis oder Rauchquarz als persönlichen Stein zulegen.

Tabelle K Im Augenblick entspricht Ihrem Wesen die unvorhersagbare Wesensart des Wassermanns und der Edelstein, der Ihnen in dieser Lebensphase am meisten entspricht, ist der Amethyst.

Tabelle L Sie sind so sensitiv und emotional wie die Fische-Geborenen. Wie alle, die eine Fische-Natur besitzen, sollten Sie Ihr Leben in Harmonie bringen, indem Sie einen Mondstein tragen.

7
Weissagung

Die Verwendung von Kristallen und Edelsteinen als Hilfsmittel zur Weissagung ist nichts Neues. In der Tat ist diese Art des Wahrsagens, die offiziell als Lithomantie bezeichnet wird, wahrscheinlich eine der ältesten Methoden, die den Menschen bekannt ist.

Es war einer dieser »Zufälle« des Lebens. (Obwohl ich, wie C. G. Jung, nicht daran glaube, daß es Zufälle wirklich gibt. Ich glaube, daß uns Gelegenheiten gegeben werden und wir aus ihnen Nutzen ziehen oder nicht.) Ich hatte mich einige Jahre lang mit dem Legen der Tarotkarten beschäftigt und zu diesem Zeitpunkt war ich mit dieser Arbeitsweise recht zufrieden. Dann im Jahre 1981 erhielt ich eine Schachtel mit ungefähr 150 wundervollen Kristallen und Edelsteinen geschenkt. Ich bekam sie aus keinem besonderen Anlaß, sondern ganz einfach deshalb, weil sie wunderschön waren und der großzügige Spender glaubte, daß sie mir deswegen gefallen würden – was sie natürlich taten. Aber als ich mich mit dem Wesen dieser Juwelen etwas eingehender beschäftigte, wurde ich mir bewußt, daß die verschiedenen Edelsteine unterschiedliche Gefühle auslösten. Einige schienen eine starke, pulsierende Energie zu besitzen, während sich andere ruhig und friedlich anfühlten. Einige fühlten sich heiß und fast »lebendig« an, als ich sie in die Hand nahm, während andere überhaupt keine Ausstrahlung zu haben schienen.

Als ich mein gegenwärtiges Leben etwas eingehender betrachtete, erinnerte ich mich an Details aus einem Buch, das ich gelesen hatte – ein Buch über die Zivilisationen der Azteken und Inkas. In diesem Buch gab es ein ganzes Kapitel, das den intuitiven Fähigkeiten dieser Menschen gewidmet war und ich hatte gelesen, daß sie Kristalle und Edelsteine tatsächlich als Weissagungsmittel benutzt hatten. Auf diese Weise konnten sie Fragen beantworten und die Zukunft vorhersagen. Wie ich bereits gesagt habe, glaube ich nicht an den Zufall und daher entschied ich mich, daß für die

Synchronizität des Geschenkes und des Buches, das ich gelesen hatte, ein Grund vorhanden sein müsse. Die Antwort schien ganz offensichtlich. Ich sollte meine eigenen Kristalle und Edelsteine als meine Werkzeuge der Weissagung benutzen, so wie sie in all den vergangenen Jahrhunderten benutzt worden waren. Schon bald sollte ich in der Lage sein, Menschen zu helfen, die mit Fragen über ihre Zukunft zu mir kamen, in dem ich meine eigene Sammlung von Kristallen und Edelsteinen verwendete.

Das Vergnügen, Edelsteine auf diese Art und Weise zu benutzen, wurde noch dadurch erhöht, daß sie natürlichen Ursprungs sind und nicht von Menschen hergestellt werden. Sie waren poliert worden, aber dies brachte die natürliche Schönheit ihrer Formen und Farben nur noch besser zum Ausdruck. Zusätzlich machte es mir große Freude, sie ganz einfach in der Hand zu halten und dies gestaltete meine Arbeit noch befriedigender.

Obwohl ich aus dem Buch, das ich gelesen hatte, erfuhr, daß Kristalle und Edelsteine schon den Azteken und Inkas zur Weissagung dienten, enthielt dieses Buch keine Aussagen darüber, wie sie benutzt worden waren. Ich wußte, daß jeder einzelne Edelstein im Zusammenhang mit einer psychischen Sitzung seine eigene Bedeutung hatte – aber wer sollte mir nun erklären, welche Bedeutung jedem meiner Edelsteine zuzuschreiben war? Es gab nur eine Antwort. Ich mußte der Reihe nach über jeden Edelstein meditieren und meine geistigen Führer darum bitten, mir die Deutungen zu enthüllen. Und das tat ich dann auch. Schritt für Schritt über einen Zeitraum von einigen Wochen hinweg wurden mir die Bedeutungen offenbart. Ich werde Sie Ihnen an späterer Stelle in diesem Kapitel erläutern.

Nun müssen wir uns überlegen, was mit Weissagung im Gegensatz zu »Wahrsagen« gemeint ist. Letzteres scheint immer mit dem Bild einer Zigeunerin verbunden zu sein, die uns etwas über einen »großen, dunklen Fremden« erzählt. Der Wert von einer ernsthaften medialen Sitzung besteht darin, daß sie einem ein Gefühl für die Lebensrichtung und Hoffnung geben kann, wenn man glaubt, seinen Lebensweg aus den Augen verloren zu haben. Die Aufgabe des Mediums besteht niemals darin, Entscheidungen für den Klienten zu treffen – das ist ihm selbst überlassen. Das Medium wird hoffentlich in der Lage sein, verschiedene Möglichkeiten aufzuzeigen, die dem Klienten offenstehen, und ihn auf Bereiche aufmerksam zu machen, wo er besondere Sorgfalt walten lassen muß oder wo es den Anschein hat, daß die Situation gefährlich ist. Nachdem dies geschehen ist, liegt es am Klienten, sich zu entscheiden, was er mit den Möglichkeiten, die vor ihm liegen, anfangen wird.

Ob man sich nun mit Kristallen, Tarotkarten oder anderen Arten der Weissagung beschäftigt, gibt es immer zwei Stufen der Voraussage. Jeder Edelstein oder jede Karte besitzt eine Bedeutung. Im Idealfall wird ein gutes Medium darüber hinaus jedoch sowohl sein Wissen und Verständnis über die Steine als auch seine Intuition oder mediale Begabung anwenden. Wenn Sie in Erwägung ziehen, aus Kristallen und Edelsteinen zu weissagen, sollten Sie bereits daran gearbeitet haben, Ihre eigenen medialen Fähigkeiten zu entwickeln. Indem Sie diese Fähigkeit verwenden in Verbindung mit dem Wissen, das Sie in bezug auf die Bedeutung der einzelnen Edelsteine haben, sollten Sie in der Lage sein, jedem, der Ihre Hilfe in Anspruch nimmt, eine ehrliche und hilfreiche Voraussage zu geben.

Der Erwerb Ihrer Edelsteine

Die Weissagung ist der einzige Fall, wo ich der Meinung bin, daß man Kristalle und Edelsteine per Post erwerben oder von jemand anderem kaufen lassen kann. Wie wir bereits gesehen haben, ist der individuelle Stein und die Beziehung, die Sie zu ihm haben, von außerordentlicher Wichtigkeit, wenn Sie Kristalle zum Zwecke der Heilung, Meditation oder Persönlichkeitsentwicklung verwenden.

Bei einer Weissagung ist dies jedoch etwas anderes. In diesem Fall wird jeder Moosachat dasselbe bedeuten wie jeder andere Moosachat; daher wäre es für Sie ausreichend, wenn Sie einen, zwei oder mehrere Edelsteine von dieser Sorte bestellen. Sie müssen die Steine nicht selbst aussuchen. Da die Edelsteine darüber hinaus von vielen anderen Menschen in die Hand genommen werden und nicht nur von Ihnen allein, brauchen Sie überhaupt keine eigenen »persönlichen« Steine.

Es gibt keine richtige Anzahl von Kristallen und Edelsteinen, die Sie brauchen, um aus ihnen zu lesen. Ich besitze ungefähr 150 – aber in dieser Sammlung sind nicht mehr als 50 oder 60 verschiedene Arten. Ich besitze von fast jedem Stein zwei Stück – von manchen sogar mehrere. Ich bin der Meinung, daß dies oft hilfreich ist, da es gewöhnlich anzeigt, daß man sich auf ein bestimmtes Gebiet konzentrieren muß, wenn ein Klient womöglich verschiedene Steine vom gleichen Typ aussucht. Darüber hinaus kann es Ihnen ein Zeitgefühl vermitteln, wenn Sie verschiedene Steine derselben Art haben. Ich habe beispielsweise vier Amethyst-Achate in meiner Sammlung. Jeder dieser schönen, grauen und pinkfarbenen Steine bezieht sich auf eine häusliche Veränderung, aber ich habe festgestellt, daß der Zeitpunkt dieser Veränderung um so näher liegt, je größer der gewählte Stein ist. Daher kann es nur von Vorteil sein, eine größere Anzahl von Steinen als unbedingt erforderlich zu besitzen. Eine Aufstellung der Edelsteine finden Sie an späterer Stelle in diesem Kapitel.

Wenn Sie Ihre Steine erst einmal erworben haben, müssen Sie sie unter fließendem Wasser reinigen und dann trocknen lassen. Wahrscheinlich werden Sie feststellen, daß sie sehr häufig gereinigt werden müssen, da sie oft von vielen verschiedenen Menschen in die Hand genommen werden und immer wieder ihren Glanz verlieren. Da aber eine der größten Freuden an der Arbeit mit Kristallen und Edelsteinen ihre Betrachtung und Berührung ist, sorgt man gerne dafür, daß sie rein und klar sind.

Was brauchen Sie noch?

Sie brauchen einen Teller oder ein Tablett, auf das Sie Ihre Edelsteine legen können. Ich benutze ein rechteckiges Tablett von ungefähr 30 × 22,5 cm, das mit schwarzem Samt ausgelegt ist. Ein flaches Tablett ist besser als ein runder Teller, da es dem Klienten ermöglicht, die Steine besser zu sehen und zu bewegen, bevor er seine Wahl trifft.

Sie brauchen dann noch ein Deckchen oder ein Stück Stoff, auf das Sie die ausgewählten Steine legen können. Ich benutze schwarzen Samt und dieses Material habe ich sehr bewußt gewählt – Sie müssen nur einmal in das Schaufenster eines Juweliergeschäfts schauen, um zu sehen, daß schwarzer Samt fast immer als die perfekte Unterlage für die wunderschönen Ausstellungsstücke gewählt wird. Es ist nicht unbedingt erforderlich, daß Sie schwarzen Samt verwenden, Sie können jeden anderen Stoff oder sogar Papier oder eine Postkarte verwenden. Aber wenn Sie versuchen, Ihre eigenen Kristalle auf ein Stück schwarzen Samt zu legen, glaube ich, daß auch Sie fühlen werden, daß kein anderes Material Ihrem Edelstein so gerecht wird.

Bei einer anderen Methode, Ihre Steine aufzulegen, benötigen Sie einen großen Kreis, der in zwölf gleiche Abschnitte unterteilt ist (entsprechend den zwölf astrologischen Häusern). Dieser Kreis kann auf ein Stück Papier oder auf einen Karton aufgezeichnet oder auf Stoff gestickt werden.

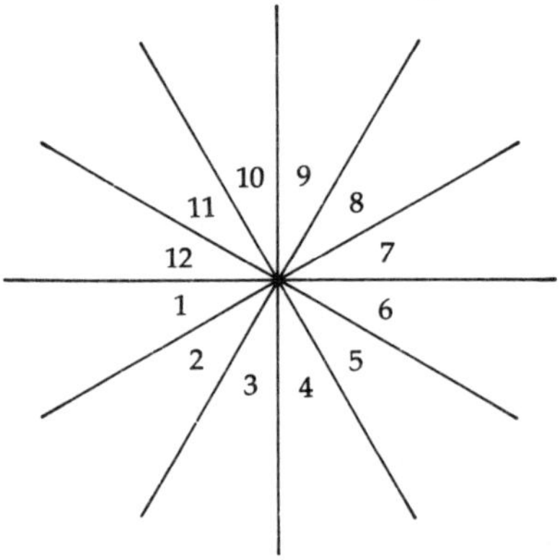

Abb. 14

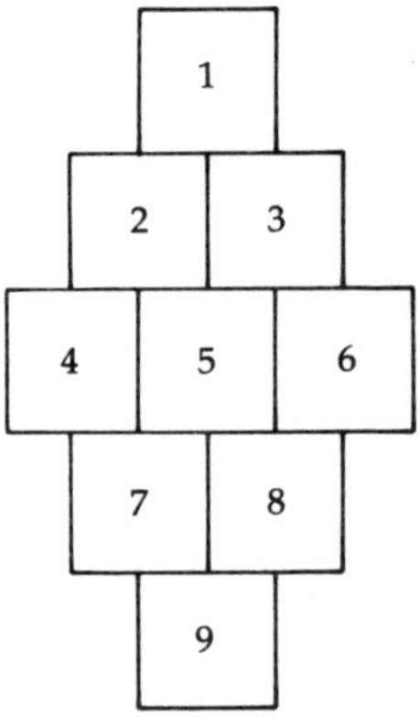

Abb. 15

Für die dritte Weissagungsmethode, die ich Ihnen erklären möchte, brauchen Sie eine größere Version als die in Abbildung 15 dargestellte. Auch hier können Sie das Muster auf einen Karton zeichnen oder auf ein Stück Stoff sticken.

Sie werden bemerken, daß ich drei verschiedene Techniken erwähnt habe, um eine Sitzung mit Kristallen und Edelsteinen durchzuführen. Ich verwende diese drei Methoden und habe festgestellt, daß sie sowohl sehr genau als auch effektiv sind. Aber denken Sie immer daran, daß Sie ein Individuum sind und es in der Theorie so viele verschiedene Methoden und Ausdrucksformen gibt, wie es Wahrsager gibt, die Sie benutzen wollen. Wenn Sie intuitiv das Gefühl haben, daß Ihnen eine andere Methode besser entspricht, dann sollten Sie sie auf jeden Fall anwenden.

Die Bedeutungen der Kristalle und Edelsteine in der Voraussage

Die nachfolgende Auflistung enthält 32 Edelsteine, die ich für eine fundierte Sitzung für wesentlich halte. Denken Sie jedoch daran, daß dies eine Mindestzahl ist und daß Sie so viele Steine benutzen können, wie Sie wollen. Ihre Aufgabe kann nur leichter werden, wenn Sie von jedem Stein mehr als einen besitzen, wie Sie sehen werden.

Auf der vorderen und hinteren Umschlagseite dieses Buches finden Sie farbige Abbildungen aller Edelsteine, die in dieser Auflistung enthalten sind. Es wird Ihnen leichter fallen, die nachfolgenden Beschreibungen zu verstehen, wenn Sie ein wenig Zeit darauf verwenden, die abgebildeten Steine kennenzulernen (besonders diejenigen, die Sie noch nicht kennen) und sie mit den aufgeführten Bedeutungen zu vergleichen.

Achatgeode

Die Achatgeode repräsentiert die potentielle mediale Begabung des Fragestellenden. Wenn der Klient den Edelstein mit der geschliffenen Seite nach oben legt, so daß Sie das glitzernde Lila oder malvenfarbene Innere der Aushöhlung sehen können, wissen Sie, daß er entweder seine eigene mediale Begabung benutzt oder sich ihrer zumindest ausreichend bewußt ist, um sie zu entwickeln. Wenn die Achatgeode jedoch mit der Vorderseite nach unten auf das Deckchen gelegt wird, bedeutet dies, daß die intuitive Seite des Fragestellenden blockiert ist. In manchen Fällen blockieren Menschen, die Angst vor ihren eigenen medialen Fähigkeiten haben, diese Seite ihres Wesens mit Absicht. In anderen Fällen jedoch können die äußeren Umstände Blockaden im Klienten verursachen. Nehmen Sie einmal an, daß er sich in einem Zustand der Depression befindet – oder vielleicht kürzlich einen Trauerfall erlebt hat. In jedem dieser Fälle würde seine psychische Begabung sehr wahrscheinlich nicht gut funktionieren.

Manchmal dreht der Klient die Achatgeode immer wieder in seiner Hand um, bevor er sich entscheidet, wie er sie auf das Tuch legt. In vielen Fällen zeigt dies an, daß sich seine eigenen psychischen Kräfte gerade bemerkbar machen oder daß er sich seiner selbst und seiner eigenen Fähigkeit auf diesem bestimmten Gebiet nicht ganz sicher ist.

Aus diesem Grund werden Sie sehen, daß es ganz wesentlich ist, sehr genau zu beobachten, wenn die Steine ausgewählt werden – und wie sie ausgewählt werden. Es reicht nicht, die Steine erst dann anzuschauen, wenn sie auf das Tuch gelegt worden sind. Es ist ebenso wichtig zu beobachten, was geschieht, während sie ausgewählt werden. Es ist möglich, aus den Kristallen, die der Fragesteller nicht auswählt oder die er einige Augenblicke lang in der Hand hält, bevor er sich endgültig entscheidet, eine Menge über ihn zu erfahren. Ihre Aufgabe beginnt, sobald er den ersten Blick auf die Kristalle und Edelsteine auf dem Tablett wirft.

Achat

Der Achat repräsentiert einen jungen Mann, oft einen Sohn. Es ist einer der Kristalle, der sehr stark durch die ihn umgebenden Steine beeinflußt wird. Wenn der Stein, der ihm am nächsten liegt, zum Beispiel dunkelgrüner Jaspis ist – der Stein, der Sorge und Angst symbolisiert –, ist es möglich, daß der Fragesteller sich aus einem bestimmten Grund um seinen Sohn sorgt. Es könnte sein, daß es um die Gesundheit des jungen Mannes nicht gut bestellt ist. Es könnte sein, daß er keine Arbeit findet – oder es könnte ganz einfach sein, daß er auf Prüfungsergebnisse wartet und ziemlich besorgt ist. Was auch immer der Anlaß für die Sorge ist, müssen Sie nur auf die anderen Edelsteine und Kristalle achten, die den Achat umgeben, um Informationen über das Endergebnis zu erhalten.

Es ist möglich, daß der Kristall sich auf einen jungen Mann bezieht, der nicht tatsächlich der Sohn des Klienten ist, aber es wird immer jemand sein, um den er sich sorgt, vielleicht ein Verwandter oder jemand, mit dem er befreundet ist. Der Achat bezieht sich in einer Sitzung niemals auf eine zufällige Bekanntschaft. Wenn Sie feststellen, daß der Achat in der Sitzung isoliert erscheint, kann es Ihnen helfen, den Klienten zu bitten, weitere drei Steine auszuwählen, um Ihnen zusätzliche Informationen zu verschaffen.

Achat mit Fossileinschlüssen

Obwohl dieser Stein oft ziemlich dumpf erscheint, braun mit cremefarbenen Einschlüssen, ist seine Wahl durch den Klienten in einer Sitzung immer ein gutes Zeichen. Der Achat mit Einschlüssen ist immer ein Anzeichen für einen Geldzuwachs des Klienten. Wenn Sie die Steine betrachten, die ihn umgeben, werden Sie oft den Grund für diesen Geldzuwachs erkennen. Wenn in seiner Nähe ein Turritella-Achat (mit Schneckeneinschlüssen) liegt, ist es sehr wahrscheinlich, daß eine berufliche Veränderung mit einem höheren Gehalt eintritt. Wenn Sie einen Botswana-Achat in seiner Nähe sehen, könnte es sein, daß der Fragesteller entweder ein Geschenk erhält oder Geld gewinnt. So unscheinbar dieser Stein auch aussehen mag, sollte jeder Klient darüber erfreut sein, daß er ihn ausgewählt hat.

Amethyst

Wir haben bereits gesehen, wie der Amethyst bei der spirituellen Heilung und Meditation verwendet werden kann. Der liebliche, malvenfarbene Amethyst ist immer der spirituelle Kristall. Wenn er in einer Sitzung ausgewählt wird, zeigt das oft ein Interesse an spirituellen Lehren und an einer Persönlichkeitsentwicklung an. Oft stellt man fest, daß in einer Sitzung mehrere Amethyste gezogen werden, und das ist nicht schwierig zu verstehen, wenn man mitbedenkt, daß sie das Leben eines Menschen mit starker spiritueller Überzeugung wahrscheinlich in vielen verschiedenen Arten beeinflussen werden.

Auch hier ist es wiederum notwendig, die Steine in der Umgebung zu beachten. Wenn Sie, was ziemlich häufig ist, einen

Rosenquarz in seiner nächsten Nähe sehen, kann es sein, daß sich der Klient zum spirituellen Heilen hingezogen fühlt. Wenn Sie die glitzernde Achat-Geode finden, könnte er sehr gut hellsichtige oder mediale Tendenzen haben.

Der Amethyst kommt auch als achteckiger Amethyst-Oktaeder vor. Obwohl dieser Kristall ebenfalls Spiritualität anzeigt, ist er in einer Sitzung kein so gutes Zeichen. Der Amethyst-Oktaeder wird oft von jemandem ausgewählt, der in das, was er für »spirituell« hält, so tief verstrickt ist, daß er mit dem normalen Alltagsleben nicht mehr fertig werden kann. Gewöhnlich wird dieser Stein von einem Menschentyp ausgesucht, der den Lehren eines Gurus blind folgt oder der sich weigert, Verantwortung für seine eigene Zukunft zu übernehmen. Es ist auch wahrscheinlich, daß diese Person Schwierigkeiten im zwischenmenschlichen Bereich hat, da sie die Welt mit den unrealistischen Augen eines extremen Idealisten sieht.

Amethystfarbener Achat

Es ist oft sehr gut, mehr als einen solchen Stein in seiner Sammlung zu haben. In meiner Steinesammlung habe ich vier Stück. Jeder dieser Steine besitzt die unverwechselbare graue und rosafarbene Zeichnung, aber jeder hat eine andere Größe.

Der amethystfarbene Achat zeigt immer eine häusliche Veränderung an. Der Grund für den Vorschlag, daß es von Vorteil wäre, mehr als einen dieser Steine in Ihrer Sammlung zu haben, besteht darin, daß die Größe des Steines oft einen Hinweis darauf gibt, in wie naher oder ferner Zeit diese Veränderung eintreten wird. Je größer der Stein, um so schneller wird die Veränderung stattfinden. Wenn sich der amethystfarbene Achat auf dem Tuch in der Nähe eines Turritella-Achats befindet, ist es möglich, daß eine berufliche Veränderung der Grund für den Umzug ist. Wenn sich der Stein in der Nähe des irisierenden Labradorits befindet, ist es sehr wahrscheinlich, daß der Klient in ein anderes Land ziehen wird.

Gewöhnlich decken meine Voraussagen ungefähr zwei Jahre ab dem Datum der Konsultation ab. Der größte amethystfarbene Achat zeigt deshalb die Wahrscheinlichkeit einer Veränderung in den ersten sechs Monaten dieser Zeit an und der kleinste di letzten sechs Monate. Die beiden anderen Steine beziehen sich auf den dazwischenliegenden Zeitraum.

Aquamarin

Der Aquamarin repräsentiert das klare Denken, die Logik und den gesunden Menschenverstand. Er kann auch ein Anzeichen dafür sein, daß der Klient, der Sie konsultiert, in Hinblick auf die Gültigkeit jeder Form von medialer Sitzung unsicher ist und es ihm schwerfällt, etwas zu glauben, für das er keine logische Erklärung finden kann. Wahrscheinlich glaubt er nur an die Dinge, an die er glauben will, wobei er alles andere vollständig ablehnt. Dies ist jedoch sein Problem und nicht Ihres. Solange Sie wissen, daß Sie Ihre Sitzung so aufrichtig und genau wie möglich abgehalten haben, können Sie keine Verantwortung für die Art und Weise übernehmen, in der der Klient auf die Sitzung reagiert. Tatsächlich werden Sie oft feststellen, daß jemand, der zum Zeitpunkt der Sitzung extrem skeptisch und kritisch gewesen ist, Sie einige Zeit später wieder kontaktiert, um Ihnen mitzuteilen, wie genau Ihre Voraussage war und um sich für sein früheres Verhalten zu entschuldigen.

Wenn Sie eine Anzahl von Kristallen und Edelsteinen sehen, die Bewegung und Unruhe im Leben des Klienten anzeigen, wäre ein Aquamarin ein willkommenes Zeichen, das darauf hinweist, daß der Klient nur innehalten, nachdenken und seinen logischen, gesunden Menschenverstand in den Vordergrund treten lassen muß, um wieder Ordnung in das Chaos zu bringen.

Bergkristall

In früheren Kapiteln haben Sie gesehen, wie effizient der Bergkristall in bezug auf Meditation, Heilung usw. ist. An späterer Stelle in diesem Buch werden Sie etwas über seine Wirksamkeit beim Pendeln und anderen Techniken erfahren. Aber im Augenblick beschäftigen wir uns nur mit seiner Bedeutung in einer medialen Sitzung.

Der Bergkristall zeigt Energie, Vitalität und Kraft an. Wenn wir es mit jemandem zu tun haben, der sich unwohl fühlt, zeigt der Bergkristall eine Wiederherstellung der Kraft und Gesundheit an. Gleichermaßen kann sich dieser Stein darauf beziehen, daß der Klient die innere Energie entwickelt, um die Verantwortung für sein Leben zu übernehmen oder daß er die Kraft bekommt, die notwendig ist, um mit einer bestimmten Situation fertig zu werden.

Wenn der Bergkristall in einer Sitzung auftaucht, ist dies immer ein positives Zeichen, da es nicht nur bedeutet, daß der Klient erfolgreich sein wird, sondern daß dies ein Erfolg sein wird, den er aus eigener Kraft erlangt, im Gegensatz zu etwas, das für ihn getan wird.

Botswana-Achat

Der schöne Botswana-Achat, der an ein altmodisches Bullauge erinnert, zeigt an, daß dem Klienten ein unerwartetes, freudiges Ereignis bevorsteht. Die Bedeutung dieses Edelsteins kann natürlich sehr unterschiedlich sein – angefangen von Banalitäten bis hin zu ausgesprochen wichtigen Geschehnissen. Bei einer meiner Klientinnen bedeutete dieser Stein ein Wiedersehen mit ihrer Schwester nach fast 40 Jahren. Für einen anderen Klienten bedeutete dieser Stein einen Lotteriegewinn (wenn auch keinen besonders hohen).

Sie müssen die Steine in der Umgebung und die Lage des Botswana-Achats betrachten, um zu entscheiden, um welche Art von freudigem Ereignis es sich handelt.

Wenn jemand mit einem speziellen Problem zu Ihnen gekommen ist, ist der Botswana-Achat gewöhnlich ein Anzeichen für eine glückliche Lösung dieses Problems.

Buntjaspis

Dieser Jaspis, der aus einer Verbindung von rotem, gelbem und grünem Jaspis besteht, symbolisiert Angst oder einen Mangel an Vertrauen in Herzensangelegenheiten. Oft bedeutet er, daß der Fragesteller in seiner Vergangenheit Erfahrungen gemacht hat, die ihn in diesem Lebensbereich verunsichert haben. Es kann sogar sein, daß er aufgrund solcher Erfahrungen unsichtbare Mauern um sich aufgebaut hat, um emotional weniger verletzlich zu sein. Aber die einzige Wirkung, die diese Mauern haben, liegt darin, daß sie ihn wiederum daran hindern, emotionale Zufriedenheit zu erlangen. Wenn die Sitzung ihm helfen kann, das zu erkennen und abzubauen, so daß er die Liebe und das Glück finden kann, die er sucht, kann man in der Tat behaupten, daß das Vorhandensein des Buntjaspis ihm einen Gefallen getan hat.

Chalzedon

Wie wir gesehen haben, bezieht sich der Achat auf einen Sohn oder jungen Mann. In genau derselben Weise symbolisiert der feine Chalzedon eine Tochter oder ein junges Mädchen. Auch hier muß man sich auf die Steine in der Umgebung konzentrieren, um den Grund für seine Wahl in einer Sitzung zu ermitteln. Vielleicht besteht eine Spannung oder Enttäuschung zwischen dem Klienten und dem betreffenden Mädchen. In diesem Fall sollten Sie in der Lage sein, Ihrem Klienten einen Hinweis auf den Ausgang dieser Situation zu geben. Vielleicht gibt es einen besonderen Grund zur Freude bezüglich des jungen Mädchens und auch der Grund dafür sollte offensichtlich werden, wenn Sie die Steine in der Umgebung und die Lage des Chalzedons betrachten.

Dendritenachat

Dendrit bedeutet »Sonnenschein« – und dies kann im wörtlichen oder symbolischen Sinne verstanden werden. Es kann sich auf einen Ort beziehen, wo oft die Sonne scheint. Wenn der Dendrit in der Nähe eines Labradorits liegt (der eine Reise nach Übersee bedeutet), könnte er sich auf einen sonnigen im Gegensatz zu einem frostigen Ort beziehen. Er kann auch bedeuten, daß ein bestimmtes Ereignis zu einem Zeitpunkt im Jahr eintrifft, wo die Sonne scheint.

Die symbolische Bedeutung des Dendrits liegt darin, daß der Ausgang einer bestimmten Situation »sonnig« sein wird – erfolgreich und erfreulich. Vielleicht bezeichnet dieser Stein das Ende einer schwierigen und streßgeladenen Lebensphase.

Wenn Ihnen Ihr Klient eine bestimmte Frage stellt, die eine Ja- oder Nein-Antwort erfordert, und der Dendrit wird in der Sitzung gezogen, dann ist die Antwort fast sicher »ja«.

Fluoritoktaeder

Der Fluorit ist ein Anzeichen für künstlerische oder kreative Fähigkeiten des Klienten – wahrscheinlich eher praktischer Natur (obwohl nicht unbedingt professionell) als theoretischer. Natürlich bezieht sich künstlerisch nicht unbedingt auf Malen oder Zeichnen. Es könnte beispielsweise ganz einfach Schreiben, Entwerfen oder ein musikalisches Talent sein.

Der Fluorit besitzt sowohl einen positiven als auch negativen Aspekt. Seine positive Seite zeigt an, daß der Fragesteller ein ausgeprägtes Talent auf einem kreativen Gebiet besitzt, das ihm gefällt. Wenn er dieses Talent ausbilden würde, hätte er wahrscheinlich sehr viel Freude daran und auch Erfolg. Die negative Seite dieses Kristalls besagt, daß der Klient so hohe Erwartungen an seine kreativen Fähigkeiten stellt, daß er niemals mit dem Erreichten zufrieden ist, und dies führt zu Unzufriedenheit oder in extremeren Fällen sogar zu der Weigerung, überhaupt noch eine kreative Anstrengung zu unternehmen, weil er an seinem eigenen Talent zweifelt.

Wenn Sie das Gefühl haben, daß letzteres der Fall ist, sollten Sie dem Klienten einen sanften Hinweis darauf geben. Der Persönlichkeitstyp, der sich weigert, in einem Lebensbereich einen Versuch zu unternehmen, weil er Angst hat zu versagen, wird diese Tendenz wahrscheinlich auch in anderen Lebensbereichen zeigen.

Dunkelgrüner Jaspis

Der Jaspis bezieht sich auf die Emotionen und Gefühle des Klienten. Der rote, hellgrüne und bunte Jaspis sind in dieser Aufstellung jeweils extra beschrieben. Der grüne Jaspis – und damit ist der dunkelgrüne Jaspis gemeint, der fast dieselbe Farbe wie der Blutstein hat, aber nicht dessen typische rote Flecken – ist nicht gerade der beste Stein in einer Sitzung. Er zeigt an, daß sich der Klient ungeliebt, erfolglos fühlt – ja sogar unwürdig, geliebt zu werden. Natürlich bedeutet das nicht unbedingt, daß dem tatsächlich so ist, sondern nur, daß der Klient dieses Gefühl hat. Vielleicht hat er nur Angst, emotional zurückgewiesen zu werden und zögert daher, seine eigenen Gefühle zu offenbaren. Vielleicht glaubt er, daß er keine Erfolgsaussichten hat und daher weigert er sich, auch nur einen Versuch zu unternehmen. Ein dunkelgrüner Jaspis bedeutet also sicherlich, daß Rat und Hilfe nötig sind – schließlich werden Emotionen genauso tief empfunden, auch wenn sie auf einer falschen Annahme beruhen.

Heliotrop

Der dunkelgrüne Stein mit seinen dunkelroten »Blutflecken« weist gewöhnlich auf körperliche Probleme irgendeiner Art hin – angefangen von Zahnschmerzen bis hin zu ernsthaften Erkrankungen. Er ist jedoch niemals ein Unglückszeichen. Sie werden immer feststellen, daß, wo auch immer ein »negativer« Stein auftaucht, dieser dem Klienten als Hinweis dient, sich vorzusehen, und nicht ein Anzeichen von drohendem Unheil ist.

Der Blutstein bedeutet also nicht unbedingt, daß entweder der Fragesteller, oder jemand, der ihm nahesteht, eine sehr schlimme Krankheit hat. Er könnte auch ein Anzeichen für ein vergangenes Problem sein, von dem sich der Klient bereits erholt hat, je nachdem, in welcher Lage sich der Stein in der Sitzung befindet.

Manchmal taucht der Blutstein in einer Sitzung in nächster Nähe eines Steines auf, der eine andere Person repräsentiert und in diesem Fall ist es wahrscheinlich, daß das körperliche Problem diese Person betrifft und nicht den Klienten.

Wenn man mit diesem oder einem anderen Stein zu tun hat, der Probleme oder Ängste anzeigen kann, ist es wichtig, den Klienten in einer positiven Gemütsverfassung zu entlassen. Wie wir bereits gesehen haben, besteht Ihre Aufgabe darin, anderen Menschen zu helfen und Ihnen Hoffnung und Mut für die Zukunft zu geben, während Sie gleichzeitig aufrichtig erklären, was Sie sehen.

Obwohl der Blutstein ein Anzeichen dafür ist, daß Schmerz oder Unwohlsein vorhanden ist, das sich körperlich manifestiert, werden Sie sehr häufig feststellen, daß die Ursache für diesen

Schmerz oder dieses Unwohlsein sehr wohl Streß oder Spannung beim Klienten sein kann und daß es vollkommen ausreicht, ihm einen Rat zu geben, wie er damit fertig wird.

Hellgrüner Jaspis

Als ein besonders günstiger Stein in einer Sitzung macht sich der hellgrüne Jaspis. Dieser Stein bedeutet Freude und Glück. Er ist eine der wenigen Jaspis-Arten, die kein Rot enthalten und er repräsentiert nicht die Ruhe, die aus der Zufriedenheit entsteht, sondern symbolisiert vielmehr überschäumende Freude.

Der hellgrüne Jaspis wird am häufigsten ausgewählt, wenn eine bestimmte Frage offen ist – und daher kann man ihn immer als ein Zeichen betrachten, daß der Fragesteller über die Antwort ausgesprochen glücklich sein wird.

Labradorit

Das Leuchten des wunderschönen Labradorits erinnert an die Flügel von Schmetterlingen. In einer Sitzung weist der Stein auf eine Verbindung mit einem Land in Übersee an. Auch hier müssen Sie wieder die Lage des Steines selbst und derer, die ihn umgeben, betrachten. Es könnte sein, daß der Klient in Erwägung zieht, eine Geschäftsreise zu machen, Verwandte zu besuchen, die im Ausland leben oder sogar eine Beziehung mit einem Menschen einzugehen, der aus einem anderen Land kommt – besonders wenn der rote Jaspis (Silex) als der Stein der Gefühle in der Nähe liegt.

Normalerweise repräsentiert der Labradorit nicht nur einen Sommerurlaub – seine Bedeutung reicht meist tiefer. Unter diesem Aspekt wäre es z. B. möglich, daß er auf einen Urlaub hinweist, wenn in diesem ein spezielles und bedeutsames Ereignis stattfindet.

Moosachat

Nach der energiegeladenen Freude des hellgrünen Jaspis kommen wir nun zu der sanfteren Zufriedenheit, verkörpert vom Moosachat. Es ist immer erfreulich, diesen Stein in einer Sitzung zu finden, da der Moosachat oft das Ende einer Angst- oder Streßphase anzeigt. In manchen Fällen wird ein Klient im Laufe einer Sitzung mehrere Moosachate auswählen und das könnte bedeuten, daß er mit allen Kräften versucht, seinen inneren Frieden zu erlangen; dabei übersieht er, daß dieser eigentlich bereits in Reichweite liegt.

Wenn mich jemand mehrere Male konsultiert aufgrund von Schwierigkeiten, mit denen er in seinem Leben konfrontiert wird, und in einer nachfolgenden Sitzung einen Moosachat auswählt, erachte ich dies immer als ein Zeichen dafür, daß sich die Dinge zu bessern beginnen und daß er nun mehr Grund zur Freude hat als früher.

Purpurachat

Der Purpurachat ist einer der Steine, der in einer Sitzung zwei Deutungsmöglichkeiten besitzt. Die erste ist recht einfach. Sie bedeutet Wasser. Betrachten Sie die Lage des Steines und derer, die ihn umgeben. Der Klient könnte an einen Ort ziehen, der nahe am Wasser liegt – sei dies das Meer, ein Fluß oder ein See. Es ist unwahrscheinlich, daß er einen Umzug nach Übersee anzeigt, außer ein Labradorit befindet sich in seiner Nähe.

Die andere Bedeutung des Purpurachat ist Sensitivität. Dies kann ein hervorragendes Zeichen sein, wenn wir es mit jemandem zu tun haben, der von Natur aus kreativ ist oder der einen Heilberuf oder eine karitative Tätigkeit ausübt. Die andere Seite dieser »Sensitivität« könnte jedoch auf jemanden hinweisen, der so übersensibel ist, daß dies sowohl sein Leben als auch seine Urteilsfähigkeit beeinträchtigt. Wenn der Purpurachat unter Steinen auftaucht, die geschäftliche oder juristische Angelegenheiten anzeigen, kann es sein, daß er eine sanfte Warnung für den Klienten darstellt, wieder etwas mehr auf die Erde zu kommen und sich auf einer mehr praktischen Ebene mit den Dingen zu befassen.

Pyrit

Ein anderer Name für den Pyrit ist »Gold der Dummen« und der Stein erhielt seinen Namen, da seine goldglitzernde Form die Goldsucher narrte und sie irrtümlich glauben ließ, sie hätten echtes Gold gefunden. In einer Sitzung ist der Pyrit ein Stein, dem man besondere Beachtung schenken muß. Er zeigt Täuschung und Mißtrauen an, etwas, das anders ist, als es den Anschein hat. Er bezieht sich niemals auf etwas Triviales, sondern ist in jeder Sitzung von großer Bedeutung.

Wenn Sie die Steine betrachten, die sich in der Umgebung des Pyrits befinden, werden Sie erkennen können, wo die Täuschung liegt. Es könnte sein, daß der Klient von einem Freund, einem Menschen, den er liebt, oder einem Geschäftspartner getäuscht wird. Er könnte ein Zeichen dafür sein, daß ein Schritt, den er in Erwägung zieht, nicht ohne sehr sorgfältige Überlegung unternommen werden sollte. Man könnte diesen Stein auch in einem allgemeineren Zusammenhang deuten, wobei er symbolisiert, daß der Klient zu vertrauensselig ist – besonders, wenn er selbst von Natur aus ausgesprochen vertrauensselig ist. Er könnte sogar »blindes Vertrauen« bedeuten, in dem Sinne, daß der Klient dazu neigt, zu glauben, daß »die Sache schon in Ordnung kommen wird«, ohne sich selbst darum zu bemühen, daß dies auch geschieht. Obwohl Sie Ihren Klienten natürlich nicht übermäßig pessimistisch stimmen sollen, wäre es dennoch in solchen Fällen angebracht, ihm den guten Rat zu geben, daß er in einem speziellen Bereich Sorgfalt walten lassen sollte.

Dies alles bedeutet nun nicht, daß der Pyrit in einer Sitzung unbedingt ein schlechtes Zeichen ist. Im Gegenteil, wenn dies ausreicht, den Klienten erst einmal zum Nachdenken zu bringen, bevor er sich kopfüber in eine mißliche Situation stürzt, tut man ihm damit tatsächlich einen Gefallen und sollte deshalb diesen Stein auch positiv bewerten.

Rosa-grauer Jaspis

Wie wir gesehen haben, bezieht sich der Chalzedon auf ein junges Mädchen oder eine Tochter und der Achatquarz auf einen jungen Mann oder einen Sohn. Der schöne rosa-graue Jaspis ist ebenfalls einer dieser »Personen-Steine« und symbolisiert die Gegenwart eines älteren Menschen – Mann oder Frau. Das bedeutet nie, daß es sich um eine Person handelt, die nur ein oder zwei Jahre älter ist als der Klient, sondern gewöhnlich eine Generation oder mehr – und ziemlich häufig symbolisiert er einen Elternteil oder jemand, der an Eltern statt steht. Der rosa-graue Jaspis in der Sitzung ist ein Anzeichen dafür, daß eine Situation, die diese ältere Person betrifft, das Leben des Klienten in irgendeiner Weise beeinflussen wird. Vielleicht erhält er ein Geschenk oder macht eine Erbschaft von dieser älteren Person. Vielleicht wird sie zu ihm ins Haus ziehen. Was es auch immer ist, es wird einen Einfluß auf die Zukunft des Klienten und seine Hoffnungen und Pläne haben.

Rosenquarz

Der Rosenquarz ist der Kristall der Heiler. Er könnte anzeigen, daß der Klient Heilfähigkeiten besitzt – ob er dies weiß und ob er sich entscheidet, diese zu nutzen oder nicht. Vergessen Sie nicht, daß es viele Formen der Heilung gibt. Natürlich ist spirituelles Heilen eine Form – und wenn dies gemeint ist, finden Sie sehr wahrscheinlich einen Amethyst in der Nähe. Aber eine Krankenschwester ist ebenso ein Heiler wie ein Tierarzt. Wenn Sie einen Aquamarin in nächster Nähe des Rosenquarzes finden, handelt es sich sehr wahrscheinlich eher um das Heilen des Gemüts als des Körpers. Vielleicht hat der Klient das Zeug zu einem psychologischen Berater oder Therapeuten.

Manchmal taucht der Rosenquarz zunächst in der Sitzung nicht auf, sondern erst, wenn der Klient eine Frage über eine bestimmte Person stellen möchte. Wenn dies der Fall ist, bedeutet es gewöhnlich, daß dieser Mensch der Heilung bedarf – ob diese Heilung nun körperlich, emotional oder spirituell ist.

Roter Jaspis (Silex)

Wie Sie bereits an der Beschreibung der anderen Jaspis-Arten gesehen haben, beziehen sich diese Steine auf tiefe Emotionen – sowohl positive als auch negative. Der glühende rote Jaspis kann starke und energiegeladene Emotionen wie Liebe, Eifersucht oder Wut anzeigen. Wenn Sie in einer Sitzung mehrere dieser Steine finden, ist dies ein sicherer Hinweis darauf, daß die Emotionen des Klienten im Vordergrund stehen – wobei es möglich ist, daß dies auf unbewußter und nicht auf bewußter Ebene stattfindet.

Der rote Jaspis bezieht sich immer auf starke Gefühle, die eher mit persönlichen Beziehungen und nicht so sehr mit Tatsachen zu tun haben. Es geht hier nicht unbedingt nur um die Beziehung zwischen Mann und Frau, sondern es könnte sich auch um die Liebe zwischen einem Elternteil und einem Kind, die Liebe zwischen engen Freunden, ja sogar die Liebe, die der Klient für die Menschheit im allgemeinen empfindet – handeln.

Rubin

Perfektionismus – das ist die Bedeutung des Rubins in einer Sitzung. Natürlich kann Perfektionismus eine hervorragende Eigenschaft sein, weist sie doch auf harte Arbeit hin und den Wunsch, sein Bestes zu geben. Es kann jedoch auch bedeuten, daß man zu hart gegen sich selbst oder andere ist und mehr erwartet, als womöglich erreichbar ist. In einigen Fällen kann der Rubin anzeigen, daß der Klient ein solcher Perfektionist ist und so große Versagensangst hat, daß er es vorzieht, gar nichts zu tun, anstatt etwas nicht absolut perfekt zu machen.

Wenn Sie eine Sitzung mit einem Studenten abhalten, der auf seine Prüfungsergebnisse wartet, sollte er über den Rubin erfreut sein, da er auf sehr gute Noten hinweist. Wenn es sich bei dem Klienten jedoch um einen besorgten Elternteil handelt, ist es möglich, daß er zu hohe Erwartungen an seinen Sohn oder seine Tochter stellt – mehr als er oder sie erreichen kann – und aus diesem Grund könnte er den jungen Menschen unnötigerweise in Streß oder Spannung versetzen.

In einigen Extremfällen kann der Rubin ein Hinweis auf eine fast an Besessenheit grenzende Pedanterie sein. In solchen Fällen sollte er als eine Warnung für den Klienten verstanden werden, hinsichtlich seiner Ziele etwas realistischer zu werden.

Rutilquarz

Der Rutilquarz ist ein blaß goldener Kristall mit Streifen, die aussehen wie reines Gold. In einer Sitzung bezieht sich der Rutilquarz auf künstlerische Fähigkeiten oder Kreativität des Klienten.

In manchen Fällen wurde diese Kreativität noch nicht erkannt oder akzeptiert. In anderen Fällen ist sie bereits ein wichtiger Bestandteil des Lebens. Wenn der Rutilquarz in der Nähe des Achats mit Einschlüssen (der Geld anzeigt) liegt, ist es sehr wahrscheinlich, daß der Fragesteller seinen Lebensunterhalt durch eine künstlerische Betätigung verdient oder verdienen wird.

Wenn der Fragesteller einen Rutilquarz ausgewählt hat, kann es dennoch manchmal passieren, daß er behauptet, überhaupt keine künstlerische Begabung zu besitzen. Wenn dies der Fall ist, ist es wahrscheinlich, daß es sehr positiv für ihn wäre, sich ein kreatives Hobby oder eine kreative Betätigungsmöglichkeit zu schaffen. Vielleicht arbeitet er zu hart und es fällt ihm schwer, seine Emotionen zum Ausdruck zu bringen; eine kreative Tätigkeit würde ihm helfen, die Spannung, die dadurch verursacht wird, zu lösen.

Serpentin

Um die wahre Bedeutung des Serpentins in einer Sitzung herauszufinden, ist es notwendig, seine Lage und die ihn umgebenden Steine zu betrachten. Er ist einer der Steine, die die bereits vorhandene Information detaillierter ergänzen. Er kann oft sehr hilfreich sein, wenn man zwischen zwei oder mehr Menschen oder Dingen unterscheiden muß. Wenn Sie zum Beispiel auf eine junge Frau eingehen wollen, möglicherweise die Tochter des Fragestellers, könnte es sein, daß er zwei oder mehrere Töchter hat. Der Serpentin zeigt dann an, daß es um die älteste Tochter geht.

Ähnlich ist es, wenn sich der Fragesteller nicht zwischen zwei Partnern entscheiden kann; der Serpentin zeigt die Wahrscheinlichkeit an, daß er die Beziehung mit der Person eingehen wird, die er länger kennt.

In der Tat kann die Bedeutung des Serpentins darin gesehen werden, der »älteste« oder »reifste« zu sein – ob sich dies nun auf Menschen oder Gegenstände bezieht.

Eine weitere Bedeutung des Serpentins ist die Sommerzeit – von ungefähr Anfang Juni bis Ende September. Dies kann hilfreich sein, wenn man versucht, Details bezüglich des Eintritts eines speziellen Ereignisses zu liefern.

Tektit (Meteorit)

Der Tektit ist dunkel und schwarz – er sieht aus wie eine Kreuzung zwischen einem Stückchen Kohle und einer Backpflaume. In einer Sitzung zeigt er Gefühle der Hoffnungslosigkeit und Verzweiflung und des Lebensüberdrusses an. Natürlich bedeutet das nicht, daß es sich unbedingt auf den Fragesteller selbst beziehen muß – obwohl es sehr wohl sein kann. Ziemlich oft taucht er in einer Sitzung als Hinweis für den Fragesteller auf, daß jemand, den er kennt, Hilfe und Unterstützung braucht.

Wenn Sie sehen, daß der Tektit von Kristallen einer höheren Schwingung und positiveren Natur umgeben ist, wie zum Beispiel dem Bergkristall, könnte es sein, daß der Fragesteller tatsächlich eine Phase der Depression hinter sich hat, aber nun dabei ist, diese zu überwinden und daß konkrete Hoffnung für die Zukunft besteht.

Sie könnten versucht sein, den Schluß zu ziehen, daß der Tektit immer einen düsteren und störenden Einfluß auf die Sitzung hat, aber ich konnte nicht feststellen, daß dem so ist. Wenn etwas weniger Angenehmes in unserem Leben geschieht, ist dies oft Teil eines größeren Lernprozesses und kann uns nur stärker und lebenstüchtiger machen. Ein Tektit muß deshalb absolut kein schlechtes Zeichen sein, sondern vielmehr warnt er den Fragesteller vor einer Situation, so daß dieser darauf vorbereitet ist – oder sogar, daß er etwas unternehmen kann, um diese Situation zu vermeiden.

Tigerauge

Das Tigerauge kann die positive oder die negative Seite des Alleinseins repräsentieren. Es kann Unabhängigkeit, die Fähigkeit, auf eigenen Füßen zu stehen und das Bedürfnis, sein eigener Herr zu sein, bedeuten. Beim jungen Menschen zeigt es ein Unabhängigkeitsbedürfnis, das Elternhaus zu verlassen und seinen eigenen Weg zu gehen. Für einen Geschäftsmann könnte es eine positive Richtung sein zu überlegen, seine eigene Firma zu gründen. Das Tigerauge kann jedoch auch bedeuten, daß man im Stich gelassen wurde – vielleicht nach einer Scheidung. Obwohl beide Bedeutungen möglich sind, ist die erstere wahrscheinlicher, da das Tigerauge eine starke Entsprechung zu dem Tierkreiszeichen Löwe hat und ein positiver Ausgang deshalb viel wahrscheinlicher ist.

Es ist nicht ungewöhnlich, in einer Sitzung mehrere Tigeraugen vorzufinden, was darauf hinweist, daß Unabhängigkeit und Selbstverwirklichung von zentraler Bedeutung für den Klienten sind und ein Großteil seiner Zukunft davon abhängt, wie er mit dieser Unabhängigkeit umgeht, wenn er damit konfrontiert wird.

Türkis

Wenn ein Türkis in einer Sitzung vorkommt, bedeutet dies Ruhe und Frieden. Während der hellgrüne Jaspis einen positiven und überschäumenden Gemütszustand der Freude beschreibt, ist der zarte Türkis ein Symbol für ein tieferes – und oft anhaltenderes Gefühl der Zufriedenheit.

Wenn Edelsteine ausgewählt werden, um eine bestimmte Frage zu beantworten, ist der Türkis ein fast sicheres Zeichen dafür, daß der Fragesteller mit den Antworten, die er erhält, zufrieden sein wird.

Turritella

Der Turritella mit seiner Schlangenhautzeichnung weist auf eine Veränderung in der Arbeitssituation des Klienten hin. Er könnte etwas so einfaches wie eine Beförderung oder einen größeren Verantwortungsbereich in seiner jetzigen Tätigkeit anzeigen. Gleichermaßen könnte er sich jedoch auch auf einschneidendere Veränderungen beziehen wie z. B. einen Stellungswechsel.

Betrachten Sie die Lage des Turritellas in der Sitzung und die Steine und Kristalle, die ihn umgeben. Wenn Sie einen Achat mit Einschlüssen in seiner Nähe sehen, kann diese Veränderung von finanziellem Vorteil sein. Vielleicht liegt ein Labradorit in seiner Nähe, was anzeigt, daß der Fragesteller wahrscheinlich im Ausland arbeiten wird oder daß die Firma, bei der er angestellt wird, Beziehungen zum Ausland hat. Wenn sich ein Tigerauge in der Nähe des Turritella befindet, könnte es sehr gut bedeuten, daß sich der Fragesteller selbständig macht – und sollte auch noch ein

Dendrit vorhanden sein, können Sie ihm sagen, daß diese Veränderung in bezug auf seine persönliche Zufriedenheit von großem Nutzen sein wird.

Versteinertes Holz

Das versteinerte Holz bezieht sich auf juristische Angelegenheiten. Natürlich müssen es nicht unbedingt unangenehme Angelegenheiten sein – es könnte darum gehen, daß ein ehrgeiziger Geschäftsmann einen neuen Vertrag abschließen will. Aber die Bedeutung könnte auch weniger günstig sein – vielleicht liegt eine Scheidung oder ein Erbstreit in der Luft. Betrachten Sie die Lage des versteinerten Holzes und die Steine, die ihn umgeben, um die wahre Bedeutung in dieser Sitzung herauszufinden. Sollte das versteinerte Holz beispielsweise neben einem Pyrit liegen, könnte es sein, daß ein juristisches Dokument vorhanden ist, das etwas eingehender betrachtet werden muß, möglicherweise von einem Experten.

Weißgelber Achat

Der weiße Achat mit bernsteinfarbenem Rand betrifft Bücher und Schreiben. Es könnte sein, daß der Klient in Erwägung zieht, ein Studium zu beginnen – besonders wenn ein Aquamarin in der Nähe liegt. Natürlich könnte es auch bedeuten, daß er Lehrer ist. Wenn Sie einen Rutilquarz neben dem weiß-gelben Achat finden (ein Zeichen für eine kreative Begabung), könnte sich das auf kreatives Schreiben beziehen (aber auch auf das Komponieren von Musik oder eine schriftstellerische Tätigkeit); sollte auch der Achat mit Einschlüssen dabei sein, ist es möglich, daß der Klient eine kreative schriftstellerische Tätigkeit aufnimmt, mit der er seinen Lebensunterhalt verdient.

Betrachten Sie die Lage dieses Steines und überprüfen Sie die Steine, die ihn umgeben und berücksichtigen Sie, daß Buchhalter ebenso in Bücher schreiben wie Rechtsanwälte, daher haben wir es nicht unbedingt nur mit angehenden Schriftstellern oder Dichtern zu tun.

Zitrin

Der Zitrin ist eine Verbindung eines herrlichen gelben Zitrins und eines Bergkristalls – und der Effekt dieser Mischung ist ausgesprochen positiv. Seine Bedeutung in einer Sitzung ist der Neubeginn. Dieser neue Anfang kann sich auf ein konkretes Ereignis beziehen, wie zum Beispiel eine neue Stelle, ein neues Interesse oder eine neue Beziehung. Es kann jedoch auch anzeigen, daß der Fragesteller in eine neue Phase seines Lebens eintritt.

Der Neubeginn, der durch den Zitrin angezeigt wird, ist im Leben des Fragestellers »aufgetaucht«, im Gegensatz zu einem Neubeginn, den er aktiv herbeigeführt hat. Ob es sich nun um eine neue Beziehung oder eine neue Stelle handelt, wahrscheinlich ist, daß es einem »Zufall« zuzuschreiben ist oder ohne Anstrengung von seiten des Klienten herbeigeführt wurde – mit anderen Worten, etwas, das ihm auf einem silbernen Tablett gereicht wurde.

Sie haben nun eine umfassende Beschreibung der Kristalle und Edelsteine zur Hand, auf der eine Sitzung basieren kann. Von jedem Edelstein mehrere zu besitzen wäre von Vorteil, aber es ist genauso möglich, eine Sitzung abzuhalten, wenn Sie nur die Steine zur Verfügung haben, die hier aufgeführt sind. Alle diese Edelsteine sind in Spezialgeschäften erhältlich.

Wenn Sie erst einmal Ihre Steine gekauft haben, müssen Sie sich die Zeit nehmen, sich mit ihnen wirklich vertraut zu machen. Vergleichen Sie sie mit den farbigen Abbildungen im Buch und nehmen Sie sie immer wieder zur Hand, bis Sie jeden einzelnen Stein kennen und sofort wissen, was er in einer Sitzung bedeutet. Sie werden feststellen, daß Sie keine detaillierten Informationen übermitteln können, bevor Sie nicht wirklich mit Ihrer Kristall- und Edelsteinsammlung vertraut sind. Jede Tarotkarte hat eine andere Bedeutung und genauso ist es bei den Runen oder Edelsteinen. Die Bedeutung wird durch die Lage des Steines, die ihn umgebenden Steine und sogar durch die Quantität einer bestimmten Edelsteinart in einer Sammlung beeinflußt.

Sie müssen individuell Ihre eigene Art und Weise finden, eine Sitzung mit Kristallen und Edelsteinen abzuhalten. Im nächsten Kapitel möchte ich Ihnen drei Grundtechniken vorstellen.

8
Weissagungsmethoden

Methode 1

Setzen Sie sich an einem Tisch Ihrem Klienten gegenüber. Auf den Tisch stellen Sie Ihr Tablett mit den Edelsteinen und legen ein schwarzes Tuch vor den Klienten. Bitten Sie ihn, neun Steine aus der Sammlung auf dem Tablett auszuwählen, wobei er sich ruhig Zeit lassen und diejenigen Steine auswählen soll, die ihm persönlich gefallen.

Die Menschen sind sehr verschieden in der Art und Weise, in der sie die Edelsteine aussuchen. Der eine wird rasch und entschlossen nach den Steinen greifen und nur ein paar Augenblicke brauchen, um die neun Steine herauszufinden, die ihm am besten gefallen. Der andere wird die Steine immer wieder zur Hand nehmen und wieder auf das Tablett legen, bevor er sich sehr bewußt für genau diesen oder jenen Stein entscheidet und den Prozeß bei allen neun Steinen wiederholt. Während dieser Auswahl müssen Sie auch darauf achten, welche Steine der Klient in die Hand genommen und erwogen hat, bevor er sie dann doch wieder weggelegt hat. Denn es ist wichtig, die Reihenfolge zu beobachten, in der die verschiedenen Steine ausgewählt werden. Die Steine, die als erste gewählt werden, geben Ihnen einige Informationen darüber, was in der Gemütsverfassung des Klienten im Vordergrund steht. Nehmen wir einmal an, er greift als erstes nach einem Amethyst. Wie Sie wissen, ist dies der spirituelle Stein und weist darauf hin, daß der Fragesteller in gewisser Weise mit Spiritualität zu tun hat. Wenn die nächsten beiden Steine, die ausgewählt werden, der Rosenquarz und der Aquamarin sind, wissen Sie, daß er auch an Heilung interessiert ist, aber daß er an jedes Thema mit Logik herangeht. Vielleicht möchte er seine Heilfähigkeit praktisch nutzen. Es könnte sein, daß er das Talent zum Therapeuten besitzt, etwas, das ihm erlauben würde, anderen dazu zu verhelfen, sich besser zu fühlen, was aber beinhalten würde, sich einem praktischen und realitätsbezogenen Lernprozeß zu unterziehen und sich eine Technik anzueignen. Wenn der Klient jedoch nach dem Amethyst eine Achatgeode nimmt, könnte daraus hervorgehen, daß sein Interesse an seiner spirituellen Entwicklung mehr in Richtung Medialität oder Hellseherei geht.

Manchmal hat jemand keine Schwierigkeiten, die ersten fünf oder sechs Steine auszuwählen, aber wenn es um die Auswahl der letzten drei Steine geht, bekommt er Probleme. Auch dies ist bezeichnend, da es bedeutet, daß er nur auf einem Gebiet seines Lebens unsicher ist und sich allen anderen Aspekten seines Lebens gewachsen fühlt.

Beobachten Sie, wie die Person, die vor Ihnen sitzt, die Edelsteine auf das Tuch legt. Manche Menschen werfen sie fast sorglos hin, ohne sich über ihre Anordnung Gedanken zu machen. Wahrscheinlich werden Sie feststellen, daß es sich in diesem Fall um einen Menschen handelt, der Schwierigkeiten hat, sein eigenes Leben in Ordnung zu bringen. Tatsächlich könnte er Verantwortung ablehnen und Sie unbewußt darum bitten, Ordnung in sein Chaos zu bringen. Wenn Sie diese Tatsache im Stillen bemerkt haben, ist es sowohl für Sie als auch für Ihren Klienten gut, wenn Sie ihn bitten, einige Augenblicke darauf zu verwenden, das Chaos der Steine auf dem Tuch zu ordnen und sie in einer bestimmten Anordnung hinzulegen, damit Sie leichter aus den Steinen lesen können.

Ein anderer wird seine neun Steine auswählen und dann eine Ewigkeit brauchen, um sie zu seiner Zufriedenheit auf dem Tuch zu arrangieren. Vielleicht legt er verschiedene Muster mit ihnen und ändert häufig wieder seine Meinung, bevor er schließlich eins gelegt hat, das ihm gefällt. Dies ist oft ein schüchterner und ängstlicher Mensch, dem es an Vertrauen mangelt und der sehr wenig Glauben an sich selbst besitzt.

Wie Sie sehen, ist die Phase, in der der Klient die Kristalle und Edelsteine auswählt und auf dem Tuch anordnet, auch interessant für denjenigen, der aus den Kristallen lesen will. Sie müssen beobachten und werden feststellen, daß zu dem Zeitpunkt, wo die neun Edelsteine in ihrer endgültigen Position liegen, Sie bereits viel über den Menschen wissen, der vor Ihnen sitzt.

Achten Sie auch auf die Kristalle und Edelsteine, die der Klient wieder weglegt. Wenn er einen Stein zur Hand nimmt, und ihn untersucht, bevor er ihn wieder weglegt, bezieht sich dies oft auf eine Situation, die im Leben des Klienten gerade zu Ende geht. Vielleicht hatte er ein spezielles Problem, das er nun bewältigt hat. Vielleicht gibt es einen Teil seines Wesens, das sich kürzlich verändert hat – entweder durch eigene Bemühung oder durch sonstige Umstände. Wenn er einen bestimmten Stein auswählt und im letzten Augenblick wieder weglegt um einen anderen zu nehmen, könnte dies zeigen, daß im Augenblick eine Veränderungstendenz vorhanden ist. Vielleicht wählt er den dunkelgrünen Jaspis aus und legt ihn dann zugunsten des klaren, roten Jaspis wieder beiseite. Das kann Ihnen sagen, daß sich sein emotionaler Zustand zum besseren wendet, selbst wenn er in der Vergangenheit in Herzensangelegenheiten beträchtliches Leid erfahren hat. Sie müssen dann schauen, welche Steine in der Umgebung des roten Jaspis auf dem Tuch liegen, um die Umstände der Veränderung zu verstehen.

Kristalle und Edelsteine scheinen von besonderer Aussagekraft zu sein, wenn es darum geht, mit Gefühlen und Emotionen umzugehen. Die meisten anderen Formen der Weissagung können Ihnen Informationen über Tatsachen und Ereignisse liefern – wie natürlich auch Kristalle –, aber es scheint keine andere Methode zu geben, die in bezug auf die Gedanken und Gefühle des Klienten oder einer anderen Person, mit der er in direkter Verbindung steht, so aufschlußreich ist.

Obwohl die betreffende Person, die Sie konsultiert, dies in der Hoffnung tut, daß Sie ihr Informationen hinsichtlich der Zukunft liefern, habe ich immer das Gefühl, daß es vorteilhaft ist, ihr etwas über die gegenwärtigen Umstände und die Vergangenheit zu erzählen. Wenn Sie in bezug auf diese Themen richtig liegen, werden Sie den Klienten darin bestätigen, daß Sie keine Geschichte erfinden, um ihm gefällig zu sein, sondern daß Sie tatsächlich Informationen aus den Kristallen und Edelsteinen beziehen. Sie können keinen sofortigen Beweis dafür erbringen, was Sie in bezug auf Ereignisse sagen, die erst eintreffen werden, aber wenn Sie beschreiben können, was gegenwärtig in seinem Leben passiert und was in seiner Vergangenheit geschehen ist, wird er viel wahrscheinlicher an das glauben, was Sie ihm über seine Zukunft mitteilen.

Nun ist es Zeit, Ihre Aufmerksamkeit auf die neun Kristalle und Edelsteine zu lenken, die vor Ihnen auf dem Tuch liegen. Herrscht ein bestimmter Stein vor? Dies würde darauf hinweisen, daß der Klient vorrangig mit einem bestimmten Thema beschäftigt ist. Nehmen wir einmal an, Sie finden drei oder vier Tigeraugen vor sich. Sie wissen nun, daß Unabhängigkeit bei Ihrem Klienten von größter Bedeutung ist. Betrachten Sie die Edelsteine, die die Tigeraugen umgeben. Sehen Sie einen Turritella, der eine berufliche Veränderung anzeigt? Vielleicht denkt Ihr Klient daran, sich selbständig zu machen. Sehen Sie den Buntjaspis mit seinen roten, grünen und gelben Flecken? In diesem Fall könnte es sein, daß die Unabhängigkeit aufgrund der Tatsache eintritt, daß eine unglückliche Beziehung zerbricht. Denken Sie daran, daß nicht nur die Bedeutung jedes einzelnen Steines wichtig ist, sondern ebenso seine Lage auf dem Tuch und seine Beziehung zu den verschiedenen anderen Steinen, die ihn umgeben. Studieren Sie nacheinander jeden Stein und entscheiden Sie, ob er alleine gedeutet werden muß oder ob er mit irgendwelchen anderen Steinen zusammenhängt, die ihn umgeben.

Nehmen wir einmal an, Sie sind in bezug auf die Bedeutung eines Steines unsicher. Nun müssen Sie den Klienten nur darum bitten, sich auf den Stein oder die Steine zu konzentrieren, die Sie verwirren und dann drei weitere Steine aus denen, die noch auf dem Tablett liegen, auszuwählen. Diese drei zusätzlichen Steine sollten Ihnen die Information liefern können, die Sie benötigen.

Betrachten wir dies anhand eines Beispiels. Nehmen wir einmal an, der Klient hat einen Amethystquarz isoliert auf das Tuch gelegt, der, wie Sie wissen, eine häusliche Veränderung anzeigt. Nun könnten Sie das Gefühl haben, daß dieser Stein eine tiefere Bedeutung besitzt als die reine Aussage dieser Grundbedeutung. Wenn der Klient drei weitere Steine auswählt und es sich dabei zufällig um einen Turritella, einen Labradorit und einen Moosachat handelt, wissen Sie nun, daß der Umzug wahrscheinlich aufgrund einer beruflichen Veränderung stattfindet, die ihn nach Übersee führt und daß er mit dem Endergebnis recht zufrieden sein wird, trotzdem er womöglich einige Vorbehalte hat.

Natürlich ist es auch möglich, daß die Angst, die der Klient verspürt, nicht ihm selbst, sondern einem anderen gilt, um den er sich sorgt und für den er sich verantwortlich fühlt. Wenn er mit jemandem sehr eng verbunden ist, ob dies nun ein Familienmitglied oder ein enger Freund ist, könnte er sehr wohl eine Angst verspüren, die dieser Mensch empfindet. Wenn dem so ist, sollte dies klarer aus den drei zusätzlichen Steinen hervorgehen, die er auswählt.

Wenn Sie sich erst einmal mit den Kristallen und Edelsteinen beschäftigt haben, die auf dem Tuch liegen, tun Sie immer gut daran, den Klienten zu fragen, ob er eine spezielle Frage hat, die Sie ihm beantworten sollen. Wenn dem so ist, müssen Sie alle Kristalle vom Tuch wegnehmen und zur Seite legen – aber nicht zurück auf das Tablett – und ihn bitten, fünf weitere Steine aus den restlichen Steinen auf dem Tablett auszuwählen. Ich bitte meinen Klienten gewöhnlich, mir in groben Zügen zu berichten, welcher Aspekt seines Lebens ihn beschäftigt. Ich möchte nicht, daß er mir zu viele Informationen liefert – denn außer der Tatsache, daß es die Objektivität meiner Weissagung weit schwieriger macht, läßt es den Klienten auch am Wert der Sitzung zweifeln, wenn er glaubt, daß er Ihnen ein zu solides Fundament geschaffen hat, auf dem Sie aufbauen können. Zu diesem Zweck ist es völlig ausreichend, wenn er sagt, »mein Arbeitsbereich« oder »mein Gefühlsleben« oder »mein jüngster Sohn«. Der Rest wird offenbar, wenn man sich den fünf Steinen zuwendet, die er ausgewählt hat.

Nachfolgend möchte ich Ihnen ein Fallbeispiel einer Sitzung geben, die ich abgehalten habe, so daß Sie besser verstehen können, wie eine Sitzung verläuft. Zuvor finden Sie jedoch eine Checkliste, auf die Sie sich beziehen können, wenn Sie Ihre eigenen Sitzungen abhalten:

Methode 1 im Überblick

1. Bitten Sie den Klienten, neun Steine aus der Steinesammlung aus dem Tablett auszuwählen. Achten Sie auf die Steine, die er in die Hand nimmt und die Steine, die er wieder zurücklegt. Achten Sie auch auf die Methode seiner Auswahl und die Anordnung der Steine, für die er sich entscheidet.

2. Studieren Sie die Anordnung der Steine auf dem Tuch. Wenn nötig, bitten Sie den Klienten, die Steine in eine gewisse Ordnung zu bringen.

3. Betrachten Sie die größte Steingruppierung und achten Sie darauf, ob irgendein Edelstein vorherrscht. Arbeiten Sie als erstes mit diesem.

4. Wenn ein Stein isoliert ist oder Sie sich über dessen Bedeutung unsicher sind, bitten Sie den Klienten, seine Aufmerksamkeit auf diesen bestimmten Stein zu konzentrieren und dann drei weitere Steine aus der Steinesammlung aus dem Tablett auszuwählen. Studieren Sie diese, um zusätzliche Information zu erlangen.

5. Denken Sie daran, Ihrem Klienten einige Informationen über seine Vergangenheit und Gegenwart zu geben, um sein Vertrauen in Ihre Fähigkeit und den Wert des Weissagens mit Edelsteinen im allgemeinen zu stärken.

6. Fragen Sie Ihren Klienten, ob er eine bestimmte Frage hat. Wenn dem so ist, bitten Sie ihn, Ihnen ein allgemeines Stichwort zum Thema zu geben und dann fünf weitere Steine auszuwählen.

7. Tun Sie immer Ihr Bestes, den Klienten mit einem Gefühl der Hoffnung und Zuversicht für seine Zukunft zu entlassen. Wenn er mit Problemen konfrontiert ist, muß es schließlich auch eine Lösung dafür geben und es ist Ihre Aufgabe, ihm zu helfen, diese Lösung zu finden.

Fallbeispiel zu Methode 1: Marylin

Als Marylin mich das erste Mal konsultierte, war sie eine junge Frau von ungefähr 29 Jahren. Sie setzte sich an den Tisch und sah mich mit ihren großen, blauen Augen nervös an. Als wir anfingen, uns zu unterhalten, spielte sie ständig mit ihrem Taschentuch in ihren zarten Händen. Sie erklärte mir, daß sie noch nie zuvor einen Wahrsager aufgesucht hatte und daß sie nicht wußte, was sie zu erwarten hatte, aber daß sie das Gefühl hatte, daß sie Hilfe und Führung brauchte. Ich bat sie, die Steine auf dem Tablett zu betrachten und neun Steine auszuwählen, die ihr am besten gefielen und sie dann auf das Tuch zu legen.

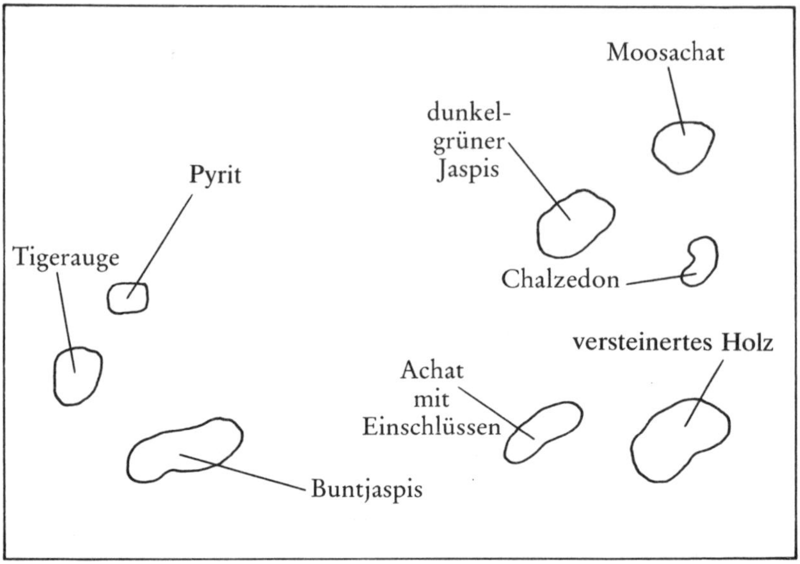

Abb. 16: Marylin (1)

Die ersten Steine, die Marylin auswählte, bilden die rechte Gruppe in der Abbildung. Ohne Zögern griff sie nach dem dunkelgrünen Jaspis, der Angst symbolisiert. Diesem folgte sehr rasch der Achat mit Einschlüssen und das versteinerte Holz. Als nächstes kam der Chalzedon, den Marylin immer wieder in der Hand herumdrehte und mit den Fingern darüber strich, bevor sie ihn auf das Tuch legte. Dann machte sie eine Pause. Sie glitt mit ihren Fingern über die Steine auf dem Tablett, nahm dann einen großen Buntjaspis in die Hand und legte ihn auf die linke Seite des Tuches. In die Nähe des Jaspis legte sie den goldfarbenen Pyrit und ein großes Tigerauge. Dann hielt sie inne und sah mich an. »Sie haben nur acht Steine ausgewählt«, sagte ich zu ihr. »Bitte nehmen Sie noch einen Stein.« Marylin wählte einen Moosachat aus, hielt ihn einige Augenblicke lang in der Hand und legte ihn dann auf das Tablett zurück. Sie zögerte, nahm dann denselben Moosachat noch einmal und legte ihn, wie Sie in der Abbildung sehen, neben die Gruppe mit dem dunkelgrünen Jaspis.

Ich betrachtete die Steine in der Anordnung, in die sie sie hingelegt hatte. Der dunkelgrüne Jaspis, der Angst und Sorge anzeigt, lag neben dem Achat mit Einschlüssen, der sich auf Geld bezieht und dem Holzstein, der das Gesetz oder Rechtsanwälte symbolisiert. Ich hatte das Gefühl, daß Marylins gegenwärtiger Angstzustand durch finanzielle Schwierigkeiten hervorgerufen wurde, und daß sie möglicherweise juristische Hilfe brauchte, um diese zu lösen. In dieser Gruppe von Steinen befand sich auch ein Chalzedon, der die Besorgnis über ein junges Mädchen anzeigt – möglicherweise ihre Tochter. Als ich Marylin dies mitteilte, erklärte sie mir, daß sie kürzlich geschieden worden war, nachdem sie ihr Mann wegen einer anderen Frau verlassen hatte und daß sie große Schwierigkeiten hatte, finanziell zurechtzukommen, um für sich und ihre vierjährige Tochter zu sorgen, besonders da sich ihr Ex-Ehemann weigerte, den Unterhalt zu bezahlen, der ihr vom Gericht zugesprochen worden war. Sie hatte in Erwägung gezogen, Rat bei einem Rechtsanwalt einzuholen, was sie bis jetzt aber nicht getan hatte, weil sie hoffte ihr Ex-Mann würde es sich schon noch überlegen und »das Richtige« für seine frühere Frau und seine kleine Tochter zu tun. Ich sagte ihr, daß ich aus der Lage der Edelsteine heraus der Meinung wäre, daß sie juristische Hilfe in Anspruch nehmen sollte, um die Angelegenheit zu regeln und – nachdem ich den Moosachat betrachtete, den sie nach einigem Zögern ausgewählt hatte – das Ergebnis ihr wieder zu ihrem inneren Frieden verhelfen würde, obwohl ich sehr wohl erkannte, daß sie zu diesem Zeitpunkt daran zweifelte.

Daraufhin lenkte ich meine Aufmerksamkeit auf die Steine, die auf der linken Seite der Abbildung zu sehen sind. Der Buntjaspis war der größte Stein in meiner Sammlung. Wie Sie wissen, zeigt dieser Stein immer eine ernsthafte, emotionale Verletzung beim Fragesteller an. In Marylins Fall war dies verständlich, da die Entscheidung, ihre Ehe zu lösen, von ihrem Mann ausging. Was mich beschäftigte, war, daß in dieser Gruppe der Pyrit lag, der mangelndes Vertrauen anzeigt und das Tigerauge, das sich auf die positive Seite der Unabhängigkeit beziehen kann, aber in diesem Fall schien es mir auf Marylins verzweifelte Einsamkeit hinzuweisen. Ich hatte das Gefühl, daß die ganz natürliche Verletztheit, die sie aufgrund der Trennung von ihrem früheren Ehemann empfand, einen tiefgreifenden Einfluß auf sie hatte, daß sie ihr Vertrauen in die Menschen im allgemeinen verloren hatte und sich zurückzog und abkapselte. Als ich ihr dies unterbreitete, antwortete Marylin beinahe ärgerlich, daß sie sich niemals wieder in eine Lage bringen wollte, wo sie betrogen werden könnte und daß sie es vorziehen würde, den Rest ihres Lebens alleine zu verbringen, ohne sich emotional zu engagieren. Dann sah sie mich an und ihre Augen füllten sich mit Tränen. Sie sagte mir, daß sie das eigentlich gar nicht so meinte, sich schrecklich einsam fühlte und gerne glauben wollte, daß sie zu irgendeinem Zeitpunkt in ihrem Leben wieder Liebe finden würde – aber sie wußte nicht, ob sie jemals wieder in der Lage sein würde, einem anderen Mann zu vertrauen. Sie hatte keine Ahnung gehabt, daß ihr Mann sie betrog, bis er ihr von seiner langen Affäre erzählte und seinen Wunsch, sich scheiden zu lassen, zum Ausdruck brachte.

Ich nahm die Edelsteine von dem Tuch und legte sie zur Seite. Dann bat ich Marylin, fünf weitere Steine aus der Sammlung auf dem Tablett auszuwählen und sie auf das Tuch zu legen. Betrachten wir nun die zweite Auswahl von Steinen, die Marylin traf. Als erstes nahm sie gleichzeitig den Serpentin und den Turritella. Diese legte sie fast in die Mitte des Tuches, wie Sie aus der Abbildung erkennen können – und daneben legte sie einen kleinen roten Jaspis. Nachdem sie einige Augenblicke überlegt hatte und ihre Finger über die Steine auf dem Tablett gleiten ließ, entschied sich Marylin für einen amethystfarbenen Achat und einen größeren roten Jaspis und legte diese beiden in die Ecke des Tuches, in ziemlich großem Abstand von den anderen Steinen, die sie ausgewählt hatte.

Der Serpentin kann ja mehr als eine Bedeutung haben. In diesem Fall hatte ich das Gefühl, daß er sich auf die Sommerzeit bezog. Der Turritella, der neben ihm lag, sagte mir, daß es wahrscheinlich wäre, daß Marylin im kommenden Sommer entweder eine Stelle bekommen oder ihre Stelle wechseln würde. Marylin sagte mir, daß sie im Augenblick nicht arbeitete (es war Ende November), da ihre Tochter am Vormittag eine Spielgruppe besuchte und mittags abgeholt werden mußte – und es schien keinen Job zu geben, mit dem sie dies arrangieren konnte. Doch in einigen Monaten würde das Mädchen fünf Jahre alt und käme im Frühjahr ganztags in die Schule. Dies würde ihr die Gelegenheit geben, sich nach irgendeiner Arbeit umzusehen (wahrscheinlich als Sekretärin, da sie diesen Beruf erlernt hatte), weil sie dann tagsüber unabhängig wäre. Der kleine rote Jaspis, den sie zu den anderen beiden Steinen gelegt hatte, erlaubte die Vermutung, daß Marylin im kommenden Sommer eine Beziehung mit einem Mann anknüpfen könnte, den sie durch ihre neue Stellung treffen würde. »Oh, das glaube ich nicht«, war ihre Reaktion. »Ich glaube nicht, daß so etwas passieren könnte.«

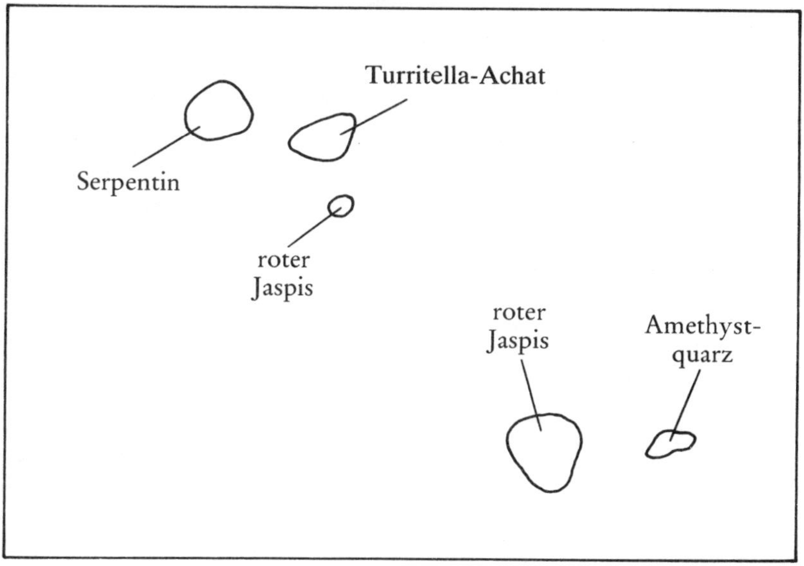

Abb. 17: Marylin (2)

Als nächstes betrachtete ich die beiden Steine, die Sie in der unteren rechten Ecke der Abbildung sehen. Der amethystfarbene Achat war der kleinste Stein in meiner Sammlung, weshalb ich das Gefühl hatte, daß die häusliche Veränderung wahrscheinlich erst in etwa zwei Jahren stattfinden würde; unter Berücksichtigung des großen, reinen roten Jaspis sagte ich Marylin, ich sei der Ansicht, der Grund für die häusliche Veränderung läge in einer glücklichen Liebesbeziehung.

In einigen Abständen nach dieser Konsultation erhielt ich zwei Briefe von Marylin. Der erste traf Anfang des folgenden Jahres ein und darin teilte sie mir mit, daß sie tatsächlich einen Rechtsanwalt hinzugezogen hatte, um ihre finanziellen Schwierigkeiten zu lösen und daß ihr Ex-Ehemann eine Zahlungsaufforderung vom Gericht erhalten hätte. Seine Unterhaltszahlungen für sie und ihre Tochter trafen nun regelmäßig ein.

Ungefähr ein Jahr später erhielt ich einen weiteren Brief von Marylin. Darin berichtete sie, daß sie eine Stelle als Sekretärin gefunden hatte und zwar schon bald nachdem ihre Tochter in die Schule gekommen war. Sie hatte sich mit einem der Angestellten in der Firma befreundet und dieser hatte ihr dabei geholfen, langsam ihr Selbstvertrauen und ihr Vertrauen in Männer wieder herzustellen. Nach einigen Monaten wurde ihre Beziehung immer enger, bis sich nun eine tiefe Liebesbeziehung daraus entwickelt hatte. Sie hatten sich gerade verlobt und wollten bald heiraten. Obwohl die häusliche Veränderung, die ich vorhergesehen hatte, noch nicht eingetreten war, suchten sie in der Tat nach einem Haus, in dem sie gemeinsam leben wollten, wenn sie verheiratet wären.

Methode 2

Legen Sie die Abbildung auf den Tisch zwischen sich und den Klienten. Sie können sie auf einen Karton malen oder auf dunklen Stoff sticken. Bitten Sie den Klienten nun, neun Steine auszuwählen und sie in die numerierten Abschnitte auf der Zeichnung zu legen. Er kann jeden der neun Steine in einen anderen Abschnitt oder zwei oder mehrere in einen einzigen Abschnitt seiner Wahl legen.

Wie bei Methode 1 ist es auch hier von wesentlicher Bedeutung, dem Auswahlprozeß seine Aufmerksamkeit zu schenken. Ist der Fragesteller entschlossen in bezug auf das, was er will? Zögert er oder ist er seiner selbst nicht sicher? Vielleicht wählt er die ersten vier oder fünf Steine ohne Schwierigkeiten aus, aber die restliche Auswahl fällt ihm schwerer. All diese Hinweise werden Ihnen zu einem besseren Verständnis des Klienten und seiner Probleme verhelfen. In gleicher Weise wird es Ihnen helfen, auf Steine zu achten, die der Klient wieder zurücklegt, wenn er sie einige Zeit in der Hand gehalten und gedreht hat.

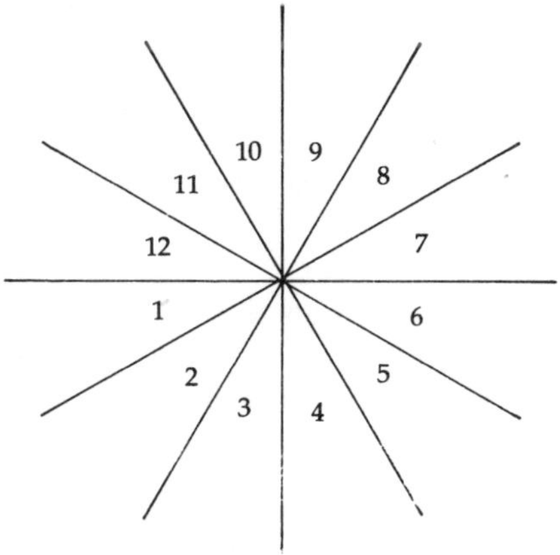

Abb. 18

Jeder Abschnitt in der Zeichnung bezieht sich auf einen unterschiedlichen Aspekt im Leben des Klienten und diese Tatsache wird Ihnen im Zusammenhang mit den ausgewählten Kristallen und Edelsteinen genügend Informationen verschaffen, anhand derer Sie jedem Hilfe gewähren können, der es braucht. Nachfolgend finden Sie eine Aufstellung der einzelnen Sektoren in der Reihenfolge, in der sie auf der Zeichnung eingetragen sind, und ihrer Bedeutung:

1. Dieser Abschnitt bezieht sich direkt auf den Fragesteller. Er sagt Ihnen etwas über seine Persönlichkeit und wie er wahrscheinlich durch zukünftige Ereignisse beeinflußt werden wird. Nehmen wir einmal an, er legt ein Tigerauge und einen Dendrit in Abschnitt 1. Dies würde Ihnen sagen, daß er mit dem Ausgang einer bestimmten Situation zufrieden sein wird und daß seine Gefühle der Unabhängigkeit und die Fähigkeit, auf eigenen Füßen zu stehen, zunehmen.

2. Abschnitt 2 liefert Ihnen Informationen über den zukünftigen finanziellen Status des Klienten, besonders wenn ihn dieser Bereich beschäftigt. Dieser Sektor hat auch mit dem Erwerb von materiellem Besitz zu tun. Wenn der Klient einen Eisenpyrit ausgewählt und ihn in Abschnitt 2 gelegt hat, wissen Sie, daß er dafür Sorge tragen wird, nicht von jemandem getäuscht oder in einer Weise betrogen zu werden und finanzielle Einbußen zu

erleiden. Wenn Sie jedoch einen Turrintella in diesem Abschnitt finden, ersehen Sie daraus, daß eine berufliche Veränderung finanzielle Verbesserung für ihn bringt.

3. Das ist einer der Sektoren, der mehr als eine Bedeutungsmöglichkeit hat. Er kann sich auf Reisen in die nähere Umgebung beziehen; falls in diesem Sektor auch ein amethystfarbener Achat liegt, ist es wahrscheinlich, daß der Klient umziehen wird, aber vermutlich an einen Ort, der von seinem jetzigen Zuhause sehr weit entfernt ist. Der dritte Abschnitt kann sich auch auf Kommunikation und Ausbildung beziehen – vielleicht sagt Ihnen ein hier liegender Holzstein, daß Verhandlungen mit einem Rechtsanwalt anstehen. Zusätzlich bezieht sich Abschnitt 3 auf die nahe Verwandtschaft; Brüder, Schwestern, Cousins etc.

4. Dieser Abschnitt beschäftigt sich mit der häuslichen Umgebung. Er kann sich auf die tatsächliche Wohnung beziehen, in der der Klient lebt oder auf die häusliche Situation, die dort herrscht. Der vierte Abschnitt bezieht sich auch auf die Mutter des Klienten. Sollte er einen dunkelgrünen Jaspis und einen Heliotrop auswählen und in diesen Sektor legen, besagt das, daß er in Sorge um die Gesundheit seiner Mutter ist.

5. Auch in diesem Abschnitt geht es um mehr als einen Lebensbereich. Er kann sich auf die Kreativität des Fragestellers, auf Kinder und junge Leute, auf Liebesromanzen oder auf Spekulation beziehen. Nun könnten Sie sich fragen, wie Sie nun wissen sollen, welche Bedeutung in einer Sitzung zutrifft, aber wenn Sie das Kapitel von der Entwicklung der Intuition durchgearbeitet haben, werden Sie instinktiv wissen, mit welchem Bereich im Leben des Klienten Sie zu tun haben. Jede Sitzung, die Sie abhalten, ist eine Kombination aus zwei Dingen: Die Bedeutung der ausgewählten Edelsteine und ihre Lage auf den Abschnitten oder dem Tuch, und darüber hinaus die mediale Fähigkeit oder Intuition der Person, die aus den Steinen liest. Wenn Sie Ihre Intuition nicht entwickelt haben, bevor Sie selber Sitzungen für andere Menschen abhalten, werden Sie diesen weit weniger helfen können, weil Sie wahrscheinlich ungenaue Aussagen machen.

6. Hier haben wir es mit der Arbeit und/oder der beruflichen Karriere des Klienten zu tun. Wenn Sie sehen, daß Ihr Klient einen Zitrin in diesen Abschnitt gelegt hat, können Sie ihm natürlich sagen, daß seine berufliche Karriere wahrscheinlich eine neue Richtung einschlagen wird. Wenn er einen roten Jaspis auswählt und ihn in Abschnitt 6 legt, besteht die Möglichkeit, daß er eine emotionale Bindung zu jemanden entwickeln wird, mit dem er zunächst eine geschäftliche Beziehung hat.

Eine andere Bedeutung von Abschnitt 6 ist Gesundheit. Dies kann die eigene Gesundheit des Klienten oder die Gesundheit eines anderen Menschen sein, um den er sich sorgt. Es liegt an Ihnen, nach der Lage der anderen Edelsteine zu beurteilen, was zutrifft, damit Sie die bestmögliche Unterstützung geben können.

7. Hier haben wir es mit engen Beziehungen aller Art zu tun, seien diese emotionaler oder geschäftlicher Art. Wenn das Wort »Beziehung« benutzt wird, denken viele Menschen sofort an Liebesbeziehungen, aber natürlich hat man in seinem Leben viele enge Beziehungen – zu seinen Familienangehörigen, engen Freunden, Geschäftspartnern usw.

In Abschnitt 7 kann es um jede dieser Formen von Beziehungen gehen. Sollte der Fragesteller beispielsweise einen Chalzedon in Abschnitt 7 neben einen dunkelgrünen Jaspis und einen Türkis legen, geht daraus hervor, daß er Probleme in seiner Beziehung zu einer jungen Dame hat – möglicherweise seine Tochter – aber daß in Zukunft wieder Frieden und Ruhe in diesen Lebensbereich einkehren wird.

8. Dieser Abschnitt bezieht sich auf die Bereiche Sexualität, Geburt und Tod sowie Fragen zum Leben nach dem Tod. In diesem Abschnitt finden Sie sehr wahrscheinlich Kristalle wie Amethyst, Achatgeode und Rosenquarz, da diese Edelsteine mit dem spirituellen Bewußtsein in der einen oder anderen Form zu tun haben. Abschnitt 8 steht auch in Zusammenhang mit geerbtem Geld, Geschäften im großen Stil und Verbrechen.

9. Fernreisen sind ein Thema von Abschnitt 9, sowie auch Studium und höhere Bildung. Wenn der Klient einen Turritella und einen Labradorit auswählt und ihn in diesen Abschnitt legt,

besteht die Wahrscheinlichkeit, daß er sich beruflich verändert und nach Übersee geht.

10. Dieser Abschnitt behandelt die Umgebung des Klienten und seine soziale Stellung. Er bezieht sich auch auf den Vater sowie auf Situationen, die Karriere oder Beruf betreffen.

11. Abschnitt 11 steht in Zusammenhang mit Gruppen oder Organisationen und der Rolle, die sie im Leben des Klienten spielen. Wenn Sie in diesem Abschnitt beispielsweise einen Amethyst und/oder einen Rosenquarz finden, könnte es sehr gut sein, daß sich der Klient mit Heilmethoden beschäftigt.

12. Dieser Abschnitt beschäftigt sich mit Flucht in positiver oder negativer Form. Wenn Sie hier einen Rutilquarz oder einen weißgelben Achat finden, wird daraus ersichtlich, daß der Klient kreativ und künstlerisch veranlagt ist und daß seine Form von Realitätsflucht positive Resultate erzielt. Wenn Sie hier jedoch einen Tektit oder einen dunkelgrünen Jaspis finden, ist es sehr wahrscheinlich, daß seine Weltflucht von Depressionen und Melancholie kommt.

Wenn der Fragesteller seine Kristalle und Edelsteine ausgewählt und sie auf die Zeichnung gelegt hat, betrachten Sie sie sehr sorgfältig. Liegen Sie in Gruppen angeordnet oder lose? Am einfachsten ist es, sich zuerst mit den Steinen zu beschäftigen, die in Gruppen arrangiert sind, entweder in ein- und demselben Abschnitt oder in zwei gegenüberliegenden Abschnitten (zum Beispiel 1 und 7, 2 und 8, 3 und 9, usw.), da Sie sehr häufig feststellen werden, daß diese Abschnitte in ihrer Bedeutung zusammenhängen.

Vielleicht finden Sie einen roten Jaspis (oder mehrere) in Abschnitt 7, was auf eine neue und glückliche Liebesbeziehung hinweist. Betrachten Sie nun den gegenüberliegenden Abschnitt 1, dann erkennen Sie, welche Wirkung diese Beziehung auf die Persönlichkeit des Klienten haben wird. Wenn sich dort ein dunkelgrüner Jaspis befindet, hat er vielleicht Angst, feste Beziehungen einzugehen. Wenn Sie dort stattdessen einen Moosachat finden, wissen Sie, daß ihm die Beziehung innere Zufriedenheit bringen wird.

Wenn Sie durch einen einzelnen Stein verwirrt werden, der auf einem der Abschnitte isoliert ist, bitten Sie den Klienten, sich auf diesen Stein zu konzentrieren und daraufhin drei weitere Steine auszuwählen und sie neu zu legen. Sie werden feststellen, daß diese zusätzlichen drei Steine Ihnen viel mehr Klarheit verschaffen.

Fragen Sie den Klienten, ob er eine spezielle Frage hat, die er stellen möchte. Wenn dem so ist, sollte er fünf Steine auswählen und sie auf die Zeichnung legen. (Zu diesem Zweck müssen vorher alle anderen Steine weggeräumt werden, um Verwirrung zu vermeiden – aber legen Sie diese Steine nicht zurück auf das Tablett, denn der Klient muß seine Auswahl aus den dort verbliebenen Steinen treffen.)

Ich versuche normalerweise darauf zu achten, daß mir der Klient alle Fragen gestellt hat, die ihn bewegen, bevor er mich verläßt, obwohl ich mich immer nur mit einer Frage nach der anderen befasse. Viele Menschen haben so große Angst vor dem Ausgang einer bestimmten Situation; erst wenn sie Vertrauen zu Ihnen gefaßt haben, sprechen sie über das Problem, das ihnen wirklich am Herzen liegt.

Um Ihnen auch hier die Sache zu erleichtern, finden Sie nachfolgend die einzelnen Schritte von Methode 2.

Methode 2 im Überblick

1. Bitten Sie den Klienten, neun Steine aus der Sammlung auf dem Tablett auszuwählen. Achten Sie auf die Steine, die er in die Hand nimmt und wieder weglegt sowie auf die, für die er sich schließlich entscheidet.

2. Wenn er neun Steine ausgewählt hat, bitten Sie ihn, sie auf die Zeichnung zu legen, und zwar beliebig viele in jeden Abschnitt. Die Steine sollten nicht auf den Linien zwischen den Abschnitten liegen. Wenn Ihr Klient einen Stein auf die Linie und nicht in den Sektor legt, müssen Sie ihn bitten, sich zu entscheiden, in welchen Sektor er den Stein legen möchte.

3. Studieren Sie die Edelsteine auf der Zeichnung. Beschäftigen Sie sich zuerst mit der größten Gruppe von Steinen.

4. Wenn ein Stein isoliert ist oder wenn Sie sich über die Bedeutung eines Steines unsicher sind, bitten Sie den Klienten, sich auf diesen Stein zu konzentrieren und dann drei weitere Steine aus der Sammlung aus dem Tablett auszuwählen und sie in einen Sektor seiner Wahl zu legen.

5. Wenn Sie sich mit allen Steinen und ihrer Lage auf der Zeichnung beschäftigt haben, fragen Sie den Klienten, ob er spezielle Fragen hat. Wenn dem so ist, befassen Sie sich immer nur mit einer Frage auf einmal, um Verwirrung zu vermeiden. Bitten Sie den Klienten in jedem Fall, Ihnen eine grobe Vorstellung von dem in Frage stehenden Thema zu geben und dann fünf Steine auszuwählen und sie auf die Zeichnung zu legen. Achten Sie darauf , daß alle anderen Steine zuvor von der Zeichnung entfernt wurden. Legen Sie diese Steine zur Seite – nicht zurück auf das Tablett.

6. Denken Sie daran, daß es Ihre Pflicht ist, den Klienten nach der Sitzung voller Zuversicht zu entlassen. Sie haben große Verantwortung und sollten niemals jemanden in dem Gefühl wegschicken, daß es nichts gibt, auf das er sich freuen kann. Dies bedeutet nicht, daß Sie nicht auf mögliche Probleme hinweisen sollen, sondern vielmehr die positiven statt der negativen Aspekte einer Situation aufzeigen sollten.

Fallbeispiel zu Methode 2: Edward

Edward war ein 62jähriger Witwer mit silbergrauem Haar und einem köstlichen trockenen Humor. Er hatte noch nie zuvor einen Wahrsager aufgesucht, aber er konsultierte mich, da seine Tochter von der Genauigkeit einer Sitzung beeindruckt war, die ich einige Zeit zuvor für sie gehalten hatte.

Edward nahm sich Zeit, um die ersten neun Steine auszuwählen. Sorgfältig und methodisch drehte er einen Stein nach dem anderen um, betrachtete ihn eingehend, wobei ihm einige gefielen und andere nicht. Schließlich hatte er seine neun Steine ausgewählt und ich bat ihn, sie auf der Zeichnung so zu arrangieren, wie er wollte.

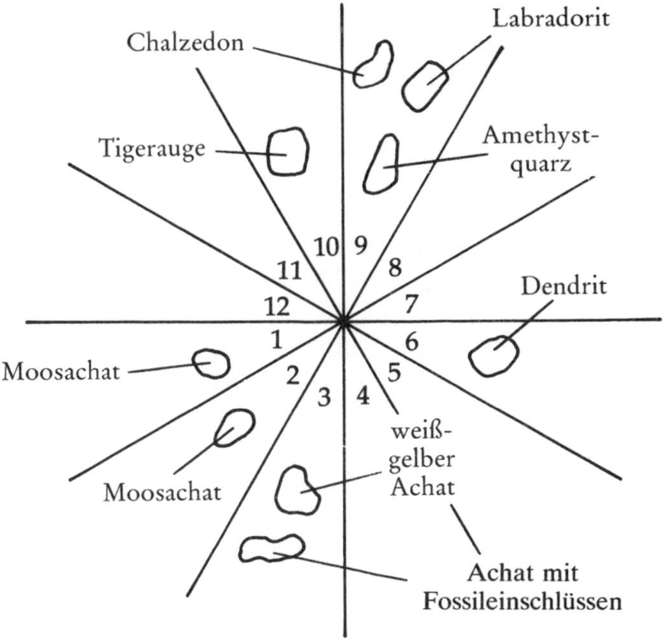

Abb. 19: Edward (1)

Wie Sie aus der Abbildung ersehen, legte Edward drei Steine in Abschnitt 9 – den Sektor, der weite Reisen betrifft. Es handelte sich um den amethystfarbenen Achat, der einen Umzug anzeigt, den Labradorit, der darauf hinwies, daß die Reise wahrscheinlich nach Übersee geht und den Chalzedon, der sich auf eine junge Frau bezieht. Ich sagte Edward, daß ich es für sehr wahrscheinlich hielte, daß er in naher Zukunft nach Übersee übersiedeln würde und daß es dort eine junge Frau gäbe, die mit dieser häuslichen Veränderung zu tun hatte. Er bestätigte mir, daß seine einzige Tochter in den USA lebte und da er vor kurzem in vorzeitige Rente gegangen war, hatte er in Erwägung gezogen, nach Kalifornien zu ziehen, um in ihrer Nähe zu sein. Er hatte sich noch nicht endgültig entschlossen, aber er stellte interessiert fest, daß diese Frage im Laufe der Sitzung aufgetaucht war.

Als nächstes wandte ich mich Abschnitt 3 zu, der sich auf die Kommunikation bezieht. In diesen Abschnitt hatte er einen weißen Achat mit einem bernsteinfarbenen Rand und einen Achat mit Einschlüssen gelegt. Bei der Betrachtung dieser Steine vermutete ich, daß Edward vielleicht überlegte, sich schriftstellerisch zu betätigen und ich teilte ihm mit, daß es so schiene, als könnte er sich damit etwas Geld verdienen. Da gegenüberliegende Abschnitte oft in einem direkten Zusammenhang stehen, gelangte ich zu der Meinung, daß er ein schriftstellerisches Projekt wahrscheinlich erst dann angehen würde, wenn er umgezogen wäre.

Obwohl sich die anderen Edelsteine alle in einem separaten Abschnitt befanden, hatte ich das Gefühl, daß sie alle mit der hauptsächlichen Frage verbunden waren, die Edward beschäftigte. Daher hielt ich es nicht für notwendig, ihn zu bitten, zu diesem Zeitpunkt weitere Steine auszuwählen.

Betrachten wir nun der Reihe nach die Steine, die Edward ausgewählt hatte. Er hatte einen Moosachat in Abschnitt 1 und einen in Abschnitt 2 gelegt. Unter dem Gesichtspunkt des finanziellen Erfolgs und unter dem Aspekt der persönlichen Erfüllung und Befriedigung sagte mir das, daß Edward in der Zukunft Zufriedenheit finden würde. Diese Zufriedenheit schien sich sowohl auf den Umzug nach Übersee in die Nähe seiner Tochter als auch auf die schriftstellerische Vollzeitbeschäftigung zu beziehen. In Abschnitt 6 hatte Edward einen Dendrit gelegt, der anzeigte, daß er sich in naher Zukunft sowohl gesundheitlich als auch beruflich sehr wohl fühlen würde. Dann befand sich in Abschnitt 10 ein großes Tigerauge, das sich auf die Unabhängigkeit bezog, die Edward in seinem persönlichen und beruflichen Leben suchte. Obwohl er auch Angst davor hatte, näher bei seiner Tochter zu wohnen – er wollte keine Last für sie werden – konnte ich ihm jedoch durch die Lage des Tigerauges versichern, daß er seine Unabhängigkeit behalten würde.

Ich fragte Edward, ob er Fragen hätte und er antwortete mir, daß ich tatsächlich die eine Frage beantwortet hatte, mit der er sich beschäftigte. Er wollte sich jedoch noch Klarheit über einen weiteren Punkt verschaffen, wenn ich nichts dagegen hätte. Ich räumte die Steine von der Zeichnung und bat ihn, weitere fünf Steine auszuwählen und sie in die Abschnitte seiner Wahl zu legen.

Wie Sie aus Abbildung 20 ersehen, schien Edwards Anliegen im Abschnitt 6 zu liegen, wo er einen Tektit, einen Heliotrop und einen Türkis plaziert hatte. Nun kann sich Abschnitt 6 auf Arbeit und Karriere beziehen – aber ich hatte das Gefühl, daß wir dieses Thema bereits ausreichend besprochen hatten. Abschnitt 6 kann sich auch auf die Gesundheit beziehen und ich glaubte, daß hier die Angst von Edward verborgen lag, besonders da hier der Blutstein lag. Obwohl er versucht hatte, seine Angst auf ein Minimum zu reduzieren, zeigte mir der Tektit tatsächlich, daß auf diesem Gebiet mehr als eine geringfügige Sorge bestand. Jedoch hatte er als dritten Stein den Türkis gewählt – und dies ist immer ein gutes Zeichen.

Der Tektit bezieht sich auf eine tiefe Angst, in manchen Fällen kann er sogar Depression bedeuten. Der Heliotrop neben dem Tektit war ein anderes Anzeichen dafür, daß Edwards Sorge seiner Gesundheit galt, aber der hübsche kleine Türkis beruhigte in dieser Hinsicht, weshalb ich nicht das Gefühl hatte, daß hier ein besonderer Grund zur Besorgnis vorlag.

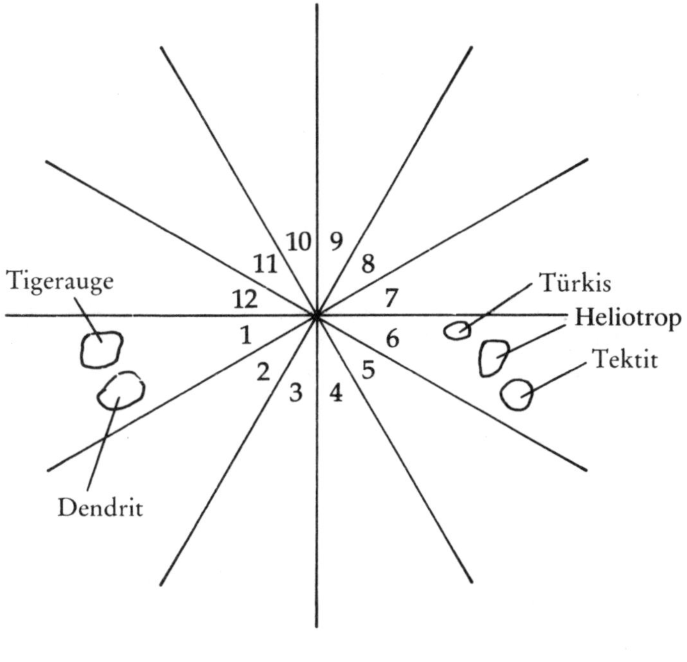

Abb. 20: Edward (2)

In Abschnitt 1 hatte Edward den Dendrit und das Tigerauge gelegt. Das zeigte an, daß seine Sorge um seine Gesundheit mehr vom persönlichen als vom finanziellen Aspekt aus bestand – selbst wenn man auch den finanziellen Aspekt berücksichtigen mußte, wenn er in den USA leben wollte. Ich hatte eher das Gefühl, daß er sich darum sorgte, seine Unabhängigkeit zu verlieren und seiner Tochter zur Last zu fallen. Edward bestätigte mir, daß dies in der Tat so war. Er wollte nicht um die halbe Welt reisen, um seiner Tochter nahe zu sein, nur um in der Zukunft eine Last für sie zu werden. Ich konnte ihm versichern, daß es nicht so aussähe als wäre dies der Fall, weil eben Dendrit und Tigerauge in diesem Feld lagen.

Methode 3

Setzen Sie sich an einen Tisch und legen Sie die Zeichnung zwischen sich und den Klienten. Achten Sie darauf, daß das Quadrat Nummer 1 am weitesten entfernt vom Klienten und das Quadrat Nummer 9 am nächsten zu ihm liegt. Bitten Sie ihn nun, wie üblich neun Steine aus der Sammlung auf dem Tablett auszuwählen, aber in diesem Fall muß er jeden Stein für jedes einzelne Quadrat auswählen. Bei seiner Auswahl muß er sich beispielsweise fragen: »Welchen Stein oder Kristall würde ich gerne in das Quadrat Nummer 1 legen?«. Dann muß er den entsprechenden Stein auswählen und ihn in das Quadrat legen, bevor er zu Nummer 2 übergeht usw.

Es ist interessant zu beobachten, wie verschieden die Menschen diese Aufgabe angehen. Manche konzentrieren sich ganz einfach auf die Reihenfolge der Quadrate und legen der Reihe nach in jedes Quadrat einen Stein, wobei sie mit Quadrat 1 beginnen und bei Quadrat 9 aufhören. Andere wählen Steine aus und legen sie scheinbar zufällig in die verschiedenen Quadrate. Aber natürlich wissen Sie, daß diese Auswahl nicht wirklich zufällig ist. Beobachten Sie diesen Vorgang sehr aufmerksam und achten Sie darauf, in welche Quadrate die ersten Steine gelegt werden. Das wird Ihnen einige Aufschlüsse über die Probleme geben, die den Klienten zu diesem Zeitpunkt beschäftigen. Wie Sie noch sehen werden, beschäftigt sich beispielsweise Quadrat Nummer 8 mit

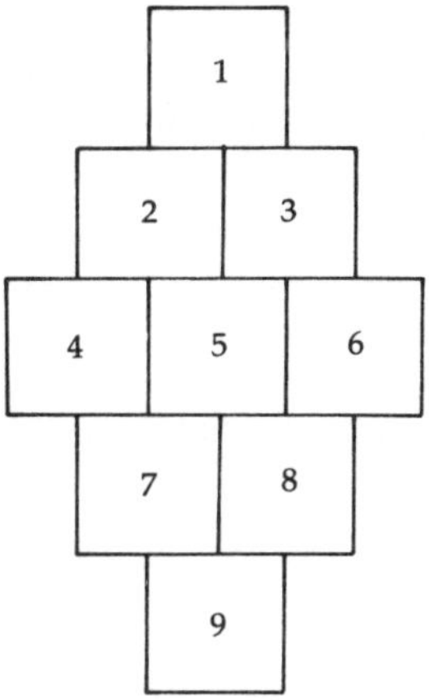

Abb. 21

Schwierigkeiten oder Einschränkungen im Leben des Klienten. Nehmen wir einmal an, er wählt als erstes einen Blutstein aus und legt ihn in Quadrat Nummer 8; dann wissen Sie, daß er über seinen Gesundheitszustand besorgt ist und sich Gedanken macht, wie dies seine Zukunft beeinflussen wird.

Nachfolgend finden Sie die allgemeine Bedeutung, die jedem Quadrat zugeordnet wird, sowie einige Beispiele, was angezeigt ist, wenn sich ein bestimmter Edelstein oder Kristall innerhalb dieser Quadrate befindet:

1. Dieses Quadrat betrifft den Klienten und insbesondere die Richtung, auf die er seine Energien in der nahen Zukunft wahrscheinlich konzentrieren wird. Vielleicht wählt er aus der Sammlung auf dem Tablett den feinen Rosenquarz aus und legt ihn in Quadrat Nummer 1. Dies sagt Ihnen, daß er sich für das Heilen interessiert, was sich wahrscheinlich in den nächsten Monaten zeigen wird.

2. Dieser Abschnitt bezieht sich auf die Gefühle des Klienten – seine Hoffnungen, Ängste und Befürchtungen usw. Es enthüllt auch zukünftige Ereignisse, die seine nähere Verwandtschaft oder seine engen Freunde betreffen. Quadrat Nummer 2 zeigt Ihnen auch mögliche Veränderungsbereiche – aber diese Veränderungen werden sehr wahrscheinlich durch die Eigeninitiative des Klienten verursacht und nicht so sehr durch äußere Ereignisse. Wenn

beispielsweise ein Turritella in diesem Quadrat liegt, wäre das ein Anzeichen für eine berufliche Veränderung. Es wäre aber sehr unwahrscheinlich, daß das mit Entlassung oder Arbeitslosigkeit zu tun hat. Vielmehr besteht die Wahrscheinlichkeit, daß sich der Klient entscheidet, seine Stelle zu wechseln und bewußte Schritte in dieser Richtung unternimmt.

3. Das Quadrat Nummer 3 bezieht sich auf expandierende Bereiche im Leben des Klienten. Diese Expansion kann in vielerlei Formen stattfinden. Es könnte sein, daß es finanziell besser geht – oder sogar Familienzuwachs kommt. Es könnte eine geistige Expansion bedeuten – wie das bei jemandem der Fall ist, der beispielsweise ein Studium aufnimmt. Es könnte sogar eine Erweiterung des spirituellen Bewußtseins bedeuten – vielleicht im Falle eines Menschen, der an seiner spirituellen Entwicklung arbeitet. Nehmen wir einmal an, der Klient hat einen Moosachat in Quadrat 3 gelegt.

Daraus ersehen Sie, daß sein innerer Frieden wächst. Nun würden Sie Ihre Aufmerksamkeit auf die anderen Steine und ihre Lage auf der Zeichnung lenken, um die Gründe dafür zu finden – ob es sich um eine Veränderung der Umstände handelt, die zu diesem inneren Frieden beitragen oder ob der Klient ganz einfach lernt, mit seinen alltäglichen Problemen besser fertig zu werden.

4. Eine plötzliche Veränderung, die durch äußere Umstände hervorgerufen wird und über die der Klient nur wenig oder überhaupt keine Kontrolle hat – dies könnte die Bedeutung von Quadrat Nummer 4 sein. Es kann sich aber auch auf Unabhängigkeit beziehen, entweder im positiven Sinne, wenn der Klient in der Lage ist, sich selbständig zu machen oder im ungünstigeren, wenn er das Gefühl hat, daß er ganz allein auf der Welt ist. Was auch immer der Fall ist, Quadrat Nummer 4 sollte immer sehr sorgfältig abgewägt werden, besonders wenn es auch noch das Quadrat ist, auf das sich der Klient als erstes konzentriert hat. Vielleicht fühlt er sich zu einem Achat mit Einschlüssen hingezogen und möchte diesen in das Quadrat Nummer 4 legen – wie Sie wissen, symbolisiert dieser Stein einen Geldzuwachs. Es ist möglich, daß er durch einen plötzlichen Geldzuwachs in die Lage versetzt wird, etwas zu tun, was ihm vorher nicht möglich war.

5. Dieser Abschnitt hat mit dem Intellekt, Studieren, Schreiben und Kommunikation zu tun. Er ist oft von besonderer Bedeutung, wenn es sich bei der Person, die Sie konsultiert, um einen Studenten handelt, da Sie aus diesem Quadrat die Information erhalten können, die Sie in die Lage versetzt, ihm einen Rat für seine zukünftige Karriere zu geben – obwohl es natürlich niemals Ihre Aufgabe ist, ihm zu sagen, was er zu tun hat. Es liegt an jedem einzelnen, seine eigenen Lebensentscheidungen zu treffen. Alles, was Sie tun können, ist, auf Möglichkeiten und Wahrscheinlichkeiten hinzuweisen, die vor einem liegen. Wenn der Klient zum Beispiel einen Holzstein in Quadrat Nummer 5 legt, könnte es sein, daß er ein Jurastudium in Erwägung zieht.

6. Es gibt zwei Hauptgebiete, von denen Quadrat Nummer 6 handelt. Das erste ist das Liebesleben des Klienten und das zweite seine Kreativität. Wenn er einen Zitrinquarz auswählt und ihn in dieses Quadrat legt, könnte es sein, daß er in seinem Liebesleben in eine neue Phase eintritt – möglicherweise mit jemandem, den er noch nicht getroffen hat. Wenn er jedoch einen Flußspat-Oktaeder auswählt und ihn in Quadrat Nummer 6 legt, könnte dies sehr gut ein Zeichen dafür sein, daß er in bezug auf seine Kreativität zu hohe Erwartungen an sich stellt und so unzufrieden mit seinen Erfolgen auf diesem Gebiet ist, daß er lieber gar nichts tut.

7. Quadrat Nummer 7 beschäftigt sich mit der psychischen und intuitiven Seite des Klienten und seinem spirituellen Leben. Es zeigt auch Bereiche der Sensitivität an. Wenn der Klient beispielsweise den weiß-gelben Achat auswählt, der sich auf das Schreiben bezieht, und ihn in dieses Quadrat legt, könnte es sein, daß er entweder fähig ist zu channeln oder wahrscheinlich über spirituelle Themen schreiben wird.

8. Dieser Abschnitt zeigt an, in welchen Lebensbereichen der Klient am wahrscheinlichsten mit Schwierigkeiten und Einschränkungen konfrontiert wird. Nehmen wir einmal an, er wählt aus den Edelsteinen und Kristallen auf dem Tablett den kubisch geformten Eisenpyrit aus. Dies wäre ein Zeichen dafür, daß er zu Leichtgläubigkeit tendiert oder sein Vertrauen in die falschen Menschen setzt, was ihm Probleme verursachen wird.

9. Dieses Quadrat und der Stein der sich darin befindet, geben Ihnen Aufschluß in bezug auf den Lebensbereich, in dem der Klient Unzufriedenheit verspürt und wo er Veränderungen herbeiführen möchte. Um herauszufinden, ob diese Veränderungen tatsächlich bevorstehen, müssen Sie die anderen Edelsteine auf der Zeichnung berücksichtigen. Wenn Sie beispielsweise einen Achat in Quadrat Nummer 9 finden, könnte es sein, daß die Beziehung zwischen dem Klienten und seinem Sohn nicht besonders gut ist. Ein Moosachat oder ein Dendrit in Quadrat Nummer 2 zeigt Ihnen, daß sich diese Situation wahrscheinlich zum Besseren wenden wird.

Wenn der Klient seine neun Steine ausgewählt und in die verschiedenen Quadrate gelegt hat, werden Sie jedoch feststellen, daß die meisten der Quadrate mehr als eine Interpretation zulassen und hier müssen Sie auf Ihre eigenen medialen Fähigkeiten zurückgreifen. Mit etwas Übung und unter der Voraussetzung, daß Sie die Techniken zur psychischen Entwicklung bereits durchgearbeitet haben, sollten Sie instinktiv sicher sein, um welchen Bereich es geht. Sollten Sie bei einer bestimmten Deutung unsicher sein, zögern Sie nicht, den Klienten zu bitten, sich zu konzentrieren, sagen wir einmal auf Quadrat Nummer 4, und einen weiteren Stein auszuwählen und ihn neben den Stein zu legen, der bereits dort liegt. Das kann Ihnen weitere Informationen verschaffen, mit denen Sie arbeiten können.

Wenn Sie sich mit den Themen befaßt haben, die aus der ursprünglichen Auswahl der Steine hervorgehen, müssen Sie den Klienten immer fragen, ob er eine bestimmte Frage hat. In diesem Falle unterscheidet sich die Methode etwas von den anderen beiden, die Sie bereits kennengelernt haben. Als erstes müssen Sie wie gewöhnlich alle Kristalle und Edelsteine wegräumen, die ursprünglich auf der Zeichnung lagen. Wenn Ihnen der Klient mitteilt, daß sein Problem seine Ehe betrifft, bitten Sie ihn daraufhin, sich auf Quadrat Nummer 6 zu konzentrieren und weitere drei Steine auszuwählen und sie in dieses Quadrat zu legen. Sie sollten dann in der Lage sein, ihm die Hilfe zuteil werden zu lassen, die er braucht.

Methode 3 im Überblick

1. Legen Sie die Zeichnung auf den Tisch zwischen sich und den Klienten, wobei Sie darauf achten, daß sich Quadrat Nummer 1 am weitesten entfernt von ihm befindet und Quadrat Nummer 9 am nächsten zu ihm liegt.

2. Bitten Sie den Klienten, neun Steine auszuwählen, wobei er für jedes Quadrat einen Stein aussucht – das muß aber nicht unbedingt der Reihe nach sein. Achten Sie auf die Reihenfolge seiner Auswahl, da Ihnen dies Aufschluß darüber gibt, welche Lebensbereiche ihn am meisten beschäftigen.

3. Wenn Sie sich über den genauen Lebensbereich unsicher sind, der durch das Quadrat angezeigt ist, bitten Sie den Klienten, einen zusätzlichen Stein auszuwählen und ihn neben den bereits vorhandenen in dieses Quadrat zu legen.

4. Bevor Sie eine bestimmte Frage des Klienten beantworten, denken Sie daran, die Steine von der Zeichnung zu räumen und sie zur Seite zu legen.

5. Bitten Sie den Klienten, Ihnen ein paar Anhaltspunkte über das Thema seiner Frage zu geben. Bitten Sie ihn dann, sich auf das Quadrat zu konzentrieren, das sich auf diesen Lebensbereich bezieht (zum Beispiel Quadrat Nummer 7, wenn das Problem seine psychische Entwicklung betrifft) und drei weitere Steine oder Kristalle aus der Sammlung auf dem Tablett auszuwählen.

6. Denken Sie daran, daß Ihre Aufgabe wie auch bei Methode 1 und 2 darin besteht, dem Klienten so aufrichtige und genaue Informationen wie möglich zu geben, daß Sie ihn aber mit optimistischen Gefühlen für die Zukunft entlassen.

Fallbeispiel zu Methode 3: Sylvie

Als mich Sylvie das erste Mal konsultierte, war sie 31 Jahre alt – eine dunkle, lebhafte Französin, die ungefähr 8 Jahre zuvor nach England gekommen war, weil sie sich mit einem Londoner Geschäftsmann verheiratete. Sie sprach perfekt Englisch und hatte keine Schwierigkeiten, sich auszudrücken oder zu verstehen, was man ihr sagte. Ich entschied mich, bei ihrer Sitzung Methode 3 zu benutzen. So legte ich die Zeichnung ordnungsgemäß vor sie und bat sie, neun Steine auszuwählen, für jedes Quadrat einen. Ich sagte ihr, sie könne die Steine in beliebiger Reihenfolge auswählen, aber daß sie bei der Auswahl der einzelnen Steine jeweils an ein bestimmtes Quadrat denken sollte.

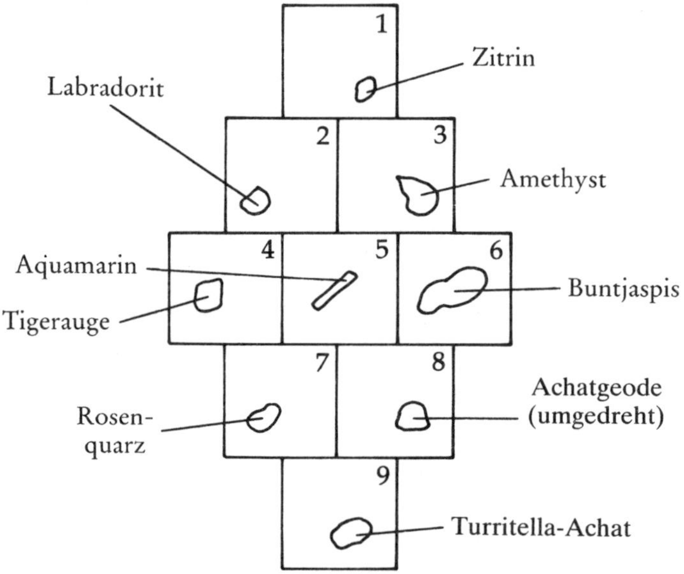

Abb. 22: Sylvie (1)

Nachdem sie mit ihren langen, schlanken Fingern über die glitzernden Steine auf dem Tablett gestrichen hatte, griff Sylvie plötzlich nach einem Zitrin, den sie in Quadrat 1 legte. Dies zeigte natürlich an, daß in ihrem Leben eine Veränderung bevorstand, aber bevor ich nicht die anderen Steine sah, die sie auswählte, hatte ich natürlich keine Ahnung, welcher Lebensbereich von dieser Veränderung betroffen sein würde.

Der nächste Kristall, den Sylvie auswählte, war ein Rosenquarz, und sie legte ihn in Quadrat Nummer 7. Der Rosenquarz ist der Heilstein und Quadrat Nummer 7 bezieht sich auf das psychische oder spirituelle Bewußtsein des Klienten. Daher hatte ich das Gefühl, daß Sylvie sicherlich über Heilfähigkeiten verfügte.

In rascher Aufeinanderfolge wählte Sylvie danach einen Amethyst aus, den sie in Quadrat 3 legte, einen Turritella für Quadrat 9 und ein Tigerauge für Quadrat 4. Diese Edelsteine und die Quadrate, in die sie gelegt wurden, veranlaßten mich, ihr zu sagen, daß ich annahm, sie hätte den Wunsch, sich beruflich zu verändern, um unabhängiger zu werden – möglicherweise sogar selbständig zu arbeiten. Als ich dies sagte, nickte Sylvie und griff fast unbewußt zu einem langen, kühlen Aquamarin, den sie in Quadrat Nummer 5 legte. Die Kombination dieser Auswahl mit dem Amethyst in Quadrat Nummer 3 sagte mir, daß Sylvie trotz ihrer spirituellen Fähigkeiten eine praktische, realitätsbezogene Atmosphäre zur Ausübung ihrer Heilfähigkeiten brauchte. Diese Edelsteinkombination können Sie in Sitzungen bei jedem Menschen finden, der eine Tätigkeit ausübt, mit der er anderen hilft, sich besser zu fühlen – angefangen bei einer Krankenschwester bis hin zu einem Samariter. Dies teilte ich Sylvie mit und sie sagte, daß sie sich wirklich beruflich verändern und selbständig arbeiten wolle. Sie wollte anderen Menschen in praktischer Weise helfen und überlegte, einen Kurs für Reflexzonen-Therapie zu machen. Da sie sich im vergangenen Jahr von ihrem englischen Ehemann hatte scheiden lassen, wußte sie, daß sie sich ihren Lebensunterhalt verdienen mußte und wollte gleichzeitig ihr Bedürfnis, anderen zu helfen, befriedigen. Daher war sie etwas in Sorge und wollte von mir wissen, wie es um ihre Zukunft bestellt sei, wenn sie tatsächlich ihre gut bezahlte Stelle in der Wirtschaft aufgeben und Therapeutin werden würde.

Ich bat Sylvie, noch einen Stein für Quadrat Nummer 1 und einen weiteren für Quadrat Nummer 7 auszuwählen. Der erste Stein, den sie nahm, war ein Dendrit und sie legte ihn in Quadrat Nummer 1. Dies zeigte an, daß sie über das positive Ergebnis des Weges, den sie einschlagen wollte, wahrscheinlich sehr erfreut sein würde. Im Quadrat Nummer 7 neben dem Rosenquarz, den sie als erstes ausgewählt hatte, legte Sylvie einen Achat mit Einschlüssen, was darauf schließen ließ, daß sie ihren Lebensunterhalt mit ihrer neuen Tätigkeit verdienen könnte und sich ihre finanzielle Lage zukünftig tatsächlich noch verbessern würde.

Als nächstes lenkte ich meine Aufmerksamkeit auf die neun Edelsteine der ursprünglichen Auswahl, die ich noch nicht betrachtet hatte. In Quadrat Nummer 2 befand sich ein Labradorit, der auf einen Umzug nach Übersee hinwies. Anfangs war ich darüber sehr überrascht, bis ich erkannte, daß für Sylvie England bereits Übersee bedeutete. Sie sagte mir, daß sie nach ihrer Scheidung zeitweise daran gedacht hatte, wieder in ihre Heimat Frankreich zurückzukehren, aber sie hatte ihre Meinung geändert und sich entschieden, in England zu bleiben, wo sie die vergangenen acht Jahre gelebt hatte.

In Quadrat Nummer 8 – dem Abschnitt, der sich mit Schwierigkeiten und Einschränkungen beschäftigt – hatte Sylvie eine Achatgeode gelegt. Wie Sie wissen, ist das der Stein, der Auskunft über die inutitiven Fähigkeiten und die psychische Entwicklung gibt. Ich war jedoch ein wenig besorgt, daß sie ihn in dieses Quadrat gelegt hatte und noch dazu mit der Vorderseite nach unten, so daß sein schimmerndes, malvenfarbiges Inneres nicht sichtbar war. Ich hatte das Gefühl, daß Sylvie in gewisser Weise an ihren Heilfähigkeiten zweifelte und daß dieser Zweifel ihren Fortschritt behindern könnte. Als ich ihr dies mitteilte, erklärte sie mir, daß sie eine Erziehung genossen hatte, die sich einzig auf eine logische Welt konzentrierte und daß ihre Familie und ihre Lehrer keinen Glauben an spirituelle und intuitive Kräfte besessen hätten und sich sicherlich kaum vorstellen könnten, mit diesen Fähigkeiten seinen Lebensunterhalt zu verdienen. Obwohl ihr latent bewußt war, daß sie in der Tat psychische Fähigkeiten und eine Heilbegabung besaß, fiel es Sylvie sehr schwer, sich von ihrer anerzogenen Prägung zu lösen und sie wollte sichergehen, daß sie sich nicht selbst zum Narren machte. Ich erklärte ihr, daß die Auswahl der Achatgeode zusammen mit dem Amethyst und dem Rosenquarz ein sicheres Zeichen dafür wären, daß diese Fähigkeiten tatsächlich in ihr vorhanden seien und daß diese Kombination in Verbindung mit dem praktischen Kurs, den sie absolvieren wollte, eine ausgezeichnete Therapeutin aus ihr machen würden.

Als Sylvie die ursprünglichen Steine ausgesucht hatte, hatte sie mit den ersten acht Steinen wenig Schwierigkeiten, aber Quadrat Nummer 6 bereitete ihr offensichtlich einiges Kopfzerbrechen.

Als erstes hatte sie das Gefühl, als wolle sie überhaupt keinen Stein in dieses Quadrat legen, aber als ich sanft darauf bestand, wählte sie einen großen Buntjaspis aus. Dieser Stein weist auf eine ernste, emotionale Verletzung hin; obwohl sie sich in der Vergangenheit ereignet hatte, war immer noch der Einfluß auf die Klientin spürbar. Sie hatte diesen Stein in Quadrat Nummer 6 gelegt, das sich auf Liebe und tiefe Gefühle bezieht; daher gelangte ich zu dem Schluß, daß sich Sylvie im Gefühlsbereich oder ihrem Liebesleben wirklich sehr verletzbar fühlte. Ich wußte, daß sie geschieden war, aber meinem Eindruck nach mußte dies in einer Weise geschehen sein, daß sie ihr Vertrauen in diesen Lebensbereich verloren hatte. Das Gefühl wurde noch verstärkt, als ich sie bat, einen weiteren Stein auszuwählen und ihn neben den Buntjaspis zu legen. Nach einigen Augenblicken Bedenkzeit wählte sie einen Pyrit aus, den sie in Quadrat 6 legte. Der Pyrit weist auf einen Mangel an Vertrauen und ein gewisses Maß an Leichtgläubigkeit hin. Ich spürte, daß Sylvie ihre Fähigkeit, sich selbst oder anderen in emotionalen Dingen zu vertrauen, verloren hatte und sogar etwas verärgert über ihr Verhalten war. Als ich ihr dies mitteilte, sagte mir Sylvie, daß sie die Scheidung eingereicht hatte, nachdem sie entdeckt hatte, daß ihr Ehemann einige Monate lang ein Verhältnis mit ihrer besten Freundin hatte. Sie ärgerte sich über sich selbst, weil sie keine Ahnung davon gehabt hatte – sie war überzeugt, eine glückliche und intakte Ehe zu führen –, bis sie Briefe fand, die die Frau ihrem Ehemann geschrieben hatte. Das Scheitern ihrer Ehe hatte Sylvie nicht nur über sich selbst aufgebracht, sondern sie hatte noch dazu beschlossen, unabhängig zu bleiben und sie war überzeugt, daß sie niemals wieder eine tiefe, emotionelle Verbindung eingehen würde.

Nachdem ich den ersten Teil der Sitzung beendet hatte, räumte ich alle Steine von der Zeichnung und legte sie zur Seite. Dann fragte ich Sylvie, ob sie gern eine spezielle Frage stellen wollte und sie bejahte. Als ich sie bat, mir zu sagen um was es ginge, sagte sie mir, daß diese Frage ihre Mutter beträfe, die immer noch in Frankreich lebte. Ich forderte Sylvie auf, sich auf das Quadrat Nummer 2 zu konzentrieren und drei Steine aus den restlichen Edelsteinen auf dem Tablett auszuwählen und sie auf diesen Abschnitt auf der Zeichnung zu legen.

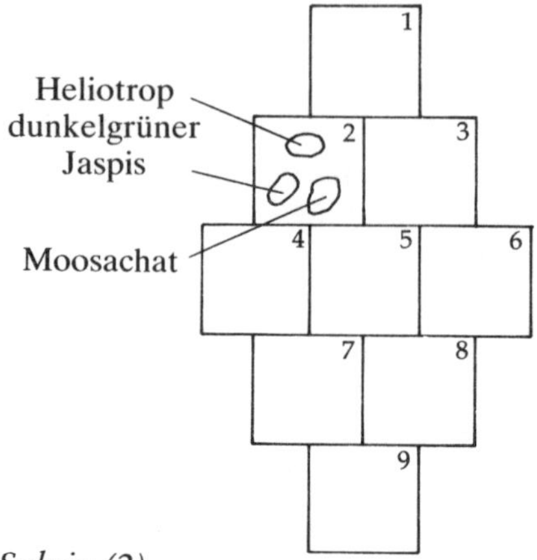

Abb. 23: Sylvie (2)

Die Edelsteine, die Sylvie auswählte, waren (in der Reihenfolge der Auswahl) ein Heliotrop, ein dunkelgrüner Jaspis und ein Moosachat. Der Blutstein sagte mir, daß ihre Mutter es mit einem gesundheitlichen Problem zu tun hatte. Der dunkelgrüne Jaspis war ein Anzeichen auf Sylvies Besorgnis und der Moosachat zeigte mir, daß das Endergebnis zufriedenstellend sein würde. Ich sagte Sylvie jedoch, daß ich intuitiv fühlte, daß dieses positive Ergebnis nicht in der nahen Zukunft läge und daß ihre Mutter in der Tat einige Monate lang Probleme mit ihrer Gesundheit haben würde; das würde wahrscheinlich eine Behandlung erforderlich machen, sei es eine herkömmliche medizinische oder irgendeine alternative Therapie. Sylvie fand das recht amüsant, da ihre Mutter allen Formen der Alternativmedizin ausgesprochen ungläubig gegenüberstand, so daß jede Behandlung, der sie sich unterziehen würde, sicherlich aus der Schulmedizin stammen würde. Jedoch war sie sehr froh zu erfahren, daß das Problem eine glückliche Lösung finden würde, da der bedenkliche Gesundheitszustand ihrer Mutter einer der Gründe gewesen war, warum sie überlegt hatte, nach Frankreich zurückzukehren.

Ungefähr acht oder neun Monate später schrieb mir Sylvie und teilte mir mit, daß sie die Hälfte der Ausbildungszeit einer Aromatherapie und Reflexzonentherapie beendet hätte, was ihr sehr große Freude bereitete. Der Gesundheitszustand ihrer Mutter war nicht besonders gut und die alte Dame mußte sich schließlich einer ernsten Operation unterziehen, aber, nach einigen Tagen der Angst, trat eine extreme Besserung ein und mittlerweile erholte sie sich zu Hause, bevor sie Sylvie zu einem späteren Zeitpunkt in diesem Jahr in den Ferien besuchen kommen wollte.

Sie haben nun drei vollkommen verschiedene Methoden kennengelernt, aus Kristallen und Edelsteinen zu lesen. Probieren Sie alle drei Methoden an ihren Freunden und Familienmitgliedern aus und beobachten Sie, welche der Methoden zu Ihren Fähigkeiten und Ihrer Persönlichkeit am besten paßt. Es kann sein, daß Sie eine oder mehrere der Methoden etwas variieren müssen, damit Sie Ihnen gefällt. Das ist nicht verkehrt. Wir sind alle verschieden und, vorausgesetzt Sie halten sich an die Bedeutungen der Edelsteine, muß Ihnen die Art und Weise, in der Sie die Methoden benutzen wollen, wirklich entsprechen.

Ich möchte Ihnen davon abraten, nach einer Weissagungsmethode vorzugehen, die sich nur auf Ihre eigene intuitive Interpretation stützt. Manche Menschen versuchen es, aber gewöhnlich endet das nur in einer Selbsttäuschung. Wenn man jemandem weissagt, den man kaum oder gar nicht kennt, ist es sehr schwierig auszudrücken, was man wirklich fühlt. Das ist ganz anders, wie wenn Sie versuchen, sich selbst aus den Edelsteinen zu lesen. Sie wissen, was Sie sich erhoffen und was Sie sich für die Zukunft wünschen – und dieses Wissen führt sehr leicht dazu, daß Sie sich selbst täuschen, indem Sie die Deutung so interpretieren, wie Sie es sich erhoffen.

Denken Sie auch daran, daß Sie die Bedeutungen der Kristalle und Edelsteine, in der Form, wie sie vor Ihnen liegen, nicht einfach auswendig hersagen. Sie benutzen Ihre eigenen psychischen Fähigkeiten, damit sie Ihnen helfen und Sie führen. Deshalb ist es wichtig, daß Sie als erstes die Techniken zur Entwicklung Ihrer eigenen intuitiven Kräfte üben, bevor Sie beginnen, Weissagungssitzungen irgendeiner Art abzuhalten. Dann, und nur dann, werden Sie in der Lage sein, Ihre eigenen Kristalle und Edelsteine als Weissagungsmittel zu benutzen, um anderen helfen zu können.

9
Pendeln

Pendeln ist eine Kunst, die es seit der Zeit unserer Vorfahren gibt. In früheren Zeiten benutzten die Menschen das Pendel, um Wasserquellen zu finden. Sie benutzten dazu einen gegabelten Stock, der normalerweise aus einem Ast des Haselnußstrauches geschnitten wurde, da man dieses für das geeignetste Holz dafür hielt. Der Wünschelrutengänger hielt seine Rute in der Hand und ging langsam über den Boden. Wenn er an einen Ort kam, wo Wasser vorhanden war, egal wie weit unter der Erdoberfläche, begann die Rute in seinen Händen auszuschlagen – in seltenen Fällen zerbrach sie sogar.

Bisher konnte noch niemand eine allgemein anerkannte Erklärung für das Pendeln und seine Funktionsweise finden. Dennoch gibt es sogar unter Wissenschaftlern nur wenige Zweifel, daß es funktioniert. Zum Pendeln kann man ein Pendel oder irgendeine andere Wünschelrute benutzen und damit jede beliebige Frage beantworten. Ebenso wie man ein Pendel zur Suche nach Wasser benutzen kann, kann es Ihnen helfen, einen verlorenen Gegenstand zu finden, Ihren Gesundheitszustand zu überprüfen und einen Allergietest durchzuführen oder Vitaminmangel festzustellen. Und das schöne am Pendeln ist, daß Sie es ganz leicht an sich selbst ausprobieren könnten – oft mit erstaunlichen Resultaten.

Zu diesem Zweck eignet sich am besten der Bergkristall. Pendeln ist das Verbindungsglied zum Unbewußten und, wie Sie bereits wissen, kann Bergkristall das Bindeglied zwischen dem Bewußtsein und dem Unbewußten verstärken, indem es Ihnen ermöglicht, sich mit den höheren Ebenen des Bewußtseins in Einklang zu bringen.

Als erstes müssen Sie sich natürlich einen Bergkristall zulegen, den Sie dann als Pendel benutzen. Dies sollte nur ein sehr kleiner Kristall sein, vielleicht von 5 Zentimetern Länge. Sie sollten den Kristall persönlich auswählen, indem Sie eine der Methoden zur intuitiven Auswahl von Kristallen zu Hilfe nehmen, die am

Anfang dieses Buches beschrieben sind. Der nächste Schritt besteht darin, den Kristall zu reinigen und aufzuladen und ihn dann an eine Kette zu hängen, vorzugsweise aus Silber, da die Kombination von Kristall und Silber die richtigen Schwingungen für das Pendeln erzeugt. Wenn Ihr Kristall erst einmal aufgeladen ist, sollten Sie ihn separat aufbewahren und ihn nicht mehr anderweitig benutzen. Darüber hinaus sollte er auch nicht von anderen in die Hand genommen werden, da er Ihr persönliches Bindeglied zu Ihrem höheren Selbst ist. Sollte er von jemand anderem berührt werden, müssen Sie ihn erneut reinigen und aufladen, bevor Sie ihn wieder als Pendel benutzen.

Ein Pendel kann eine Frage nur mit »Ja« oder »Nein« beantworten, weshalb Sie als erstes herausfinden müssen, in welcher Richtung es ausschlägt, um Ihnen diese Antworten zu geben. Mein eigenes Pendel schwingt für »Ja« im Uhrzeigersinn und für »Nein« gegen den Uhrzeigersinn (obwohl es Fälle gibt, wo dies umgekehrt ist, aber damit wollen wir uns später beschäftigen) – aber bei Ihnen muß das nicht genau so sein. Nachfolgend finden Sie eine Methode, wie Sie die Bedeutung der Pendelrotation feststellen können:

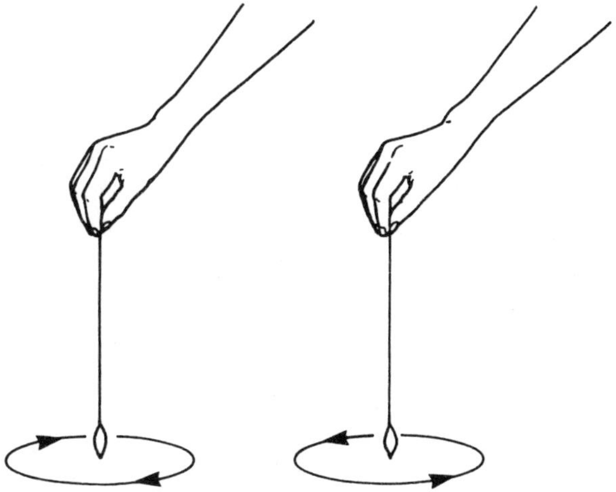

Abb. 24: Feststellen der Richtung für »Ja« und »Nein«

1. Halten Sie das Ende des Pendels zwischen Daumen und Zeigefinger der einen Hand. Strecken Sie den Arm aus wie in Abbildung 24 und entspannen Sie ihn so gut wie möglich. Achten Sie darauf, daß der Arm etwas schräg nach unten hängt, da das weniger Muskelspannung verursacht. Denken Sie daran, je entspannter Sie sind, um so bessere Ergebnisse werden Sie erzielen.

2. Schwingen Sie das Pendel leicht vor und zurück in Nord/Süd-Richtung.

3. Stellen Sie eine Frage, deren Antwort Sie kennen. Ich könnte beispielsweise fragen: »Heiße ich Ursula?« und auf den Ausschlag des Pendels achten. Nach einigen Augenblicken sollte das Pendel beginnen, immer größere Kreise entweder im Uhrzeigersinn oder gegen den Uhrzeigersinn zu beschreiben und daraus werden Sie erkennen, daß dies die Richtung ist, die für Sie »Ja« anzeigt.

4. Um Ihr Ergebnis zu bestätigen, halten Sie das Pendel an und lassen Sie es noch einmal in Nord/Süd-Richtung ausschwingen. Stellen Sie ihm nun eine Frage, deren Antwort »Nein« ist. Wenn Sie es richtig gemacht haben, müßte das Pendel nun in der entgegengesetzten Richtung ausschlagen.

Hinweis:
- Lassen Sie das Pendel niemals absichtlich und mit Kraft kreisen.
- Sie brauchen die Fragen nicht laut zu stellen. Es reicht, wenn Sie an die Frage denken.
- Das Pendeln bedarf einiger Übung, besonders wenn Sie verspannt sind, da die Spannung Ihrer eigenen Muskeln den Ausschlag des Pendels beeinflußt. Manche Menschen stellen fest, daß das Pendel auch von rechts nach links ausschlagen kann (das heißt Ost/West); das zeigt normalerweise an, daß es keine positive Antwort auf die Frage gibt und der Fragesteller auf dem völlig falschen Weg ist. Bei jeder Gelegenheit, bei der Sie Ihr Pendel benutzen wollen, ist es ratsam, einige Augenblicke darauf zu verwenden, sich der Ausschlagsrichtung des Pendels zu vergewissern, da sich diese verändern kann. Obwohl sie normalerweise gleich bleibt, hat man festgestellt, daß sich die

Richtung umkehren kann, wenn man besonders müde oder innerlich aufgebracht ist.

Wenn Sie die Ausschlagrichtung Ihres Pendels erst einmal festgestellt haben, können Sie es benutzen, um jede Frage zu beantworten, die mit »Ja« oder »Nein« beantwortet werden kann. Sie können das Pendel nicht fragen: »Brauche ich mehr oder weniger Kalzium?«, da es keine positive oder negative Antwort auf diese Frage gibt. Wenn man es richtig benutzt, sind die Möglichkeiten, bei denen man ein Pendel verwenden kann, zahlreich und vielfältig.

Analytisches Pendeln

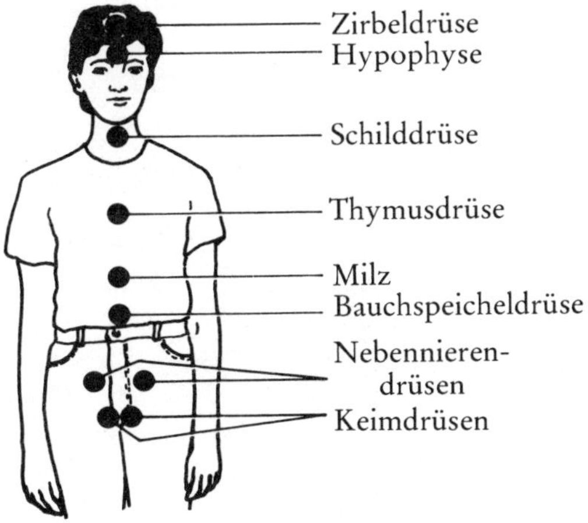

Abb. 25

Wenn Sie einmal genauer darüber nachdenken, ist ein Großteil der medizinischen Diagnose, ob bei Menschen oder Tieren, von einem gewissen Maß an praktischer Erfahrung und Kombinationsgabe des Arztes oder Therapeuten abhängig. Ein Tier kann Ihnen nicht sagen, was ihm fehlt und Menschen drücken sich oft sehr ungenau aus und können mehrere Symptome durcheinanderbringen. Hier kann ein Pendel von großer Hilfe sein, obwohl es als ein Hilfsmittel zur konventionellen Diagnose und nicht als ein Ersatz dafür benutzt werden sollte. Zusätzlich kann ein Pendel ein Problem oft diagnostizieren, bevor Symptome auftauchen.

Analytisches Pendeln erfordert ein aufgeladenes Kristallpendel, eine große Kopie von der unten abgebildeten Figur und einen zweiten aufgeladenen Quarzkristall, der zu dem paßt, der als Pendel benutzt wird.

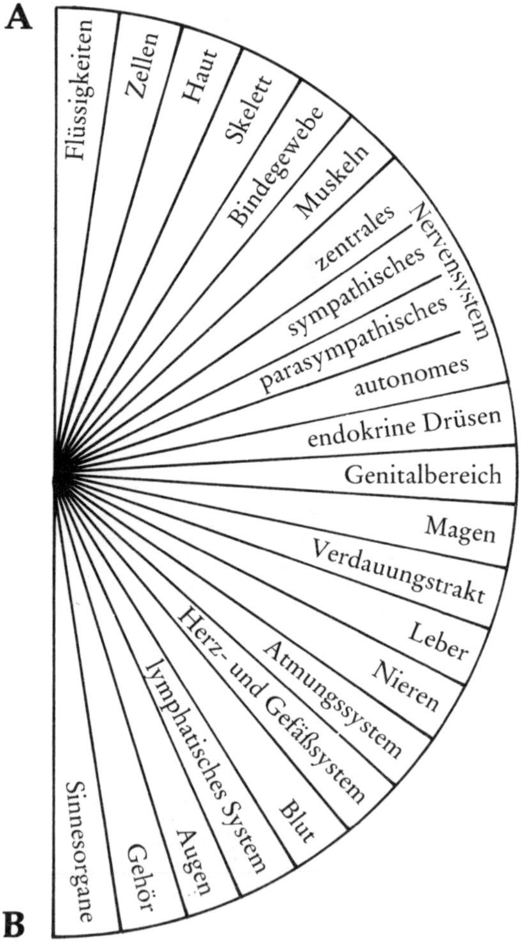

Abb. 26

Abbildung 25 zeigt die Drüsenzentren des physischen Körpers; mit Hilfe eines Pendels sollten Sie in der Lage sein festzustellen, ob diese Drüsen richtig arbeiten oder nicht. Der Pendler sollte sein Pendel in Nord/Süd-Richtung ausschlagen lassen. Dann sollte er das Pendel nacheinander über jedes Zentrum auf dem Diagramm ausschlagen lassen, wobei die Spitze des zweiten Kristalls auf das jeweilige Zentrum weist. Dabei sollte er leise die Frage stellen: »Gibt es irgendeine Störung dieser Drüse?«. Nun achtet er auf die Antwort, die er für jedes Zentrum erhält.

Eine zweite Methode des analytischen Pendelns besteht darin, unter Hinzuziehung von Abbildung 26 eine ähnliche Technik anzuwenden. Es gibt zwei Möglichkeiten, diese Pendelkarte zu benutzen; sie enthält die Bezeichnungen der Körperbereiche in denen eine Störung vorliegen könnte.

Lassen Sie wie zuvor das Pendel in Nord/Süd-Richtung ausschlagen. Während Sie dies tun, berühren Sie mit der Spitze des zweiten Kristalles den ersten Abschnitt – mit der Bezeichnung »Flüssigkeiten« – und fragen das Pendel, ob dieser Körperbereich Hilfe oder Behandlung braucht. Sobald Sie eine Antwort auf diese Frage erhalten haben, gehen Sie zur nächsten Frage über usw.

Eine Alternative dazu wäre, das Pendel in einer Nord/Süd-Richtung über die Linie AB ausschlagen zu lassen und im Geiste um einen Hinweis auf einen Körperbereich zu bitten, der behandelt werden muß. Das Pendel wird nach einigen Augenblicken seine Richtung verändern und entlang der Linie ausschlagen, die den betreffenden Körperbereich anzeigt.

Vitaminmangel

Da unsere Nahrung so viele chemisch behandelte und fetthaltige Stoffe enthält, liefert sie nicht immer die richtigen Vitamine in der notwendigen Quantität, aber für den Laien ist es ausgesprochen schwierig, herauszufinden, welche Menge von einem bestimmten Vitamin er nun tatsächlich aus seiner normalen Nahrung bezieht. Wenn Sie die nachfolgende Liste verwenden, ein Pendel in der einen Hand halten, während die Spitze des zweiten Kristalls auf jedes Vitamin und jeden Mineralstoff auf der Liste weist, ist es möglich zu fragen, ob Ihre tägliche Nahrung Sie mit all den Vitaminen und Mineralstoffen versorgt, die Sie brauchen. Danach werden Sie wissen, welche Vitamine und Mineralstoffe Sie Ihrer Nahrung noch zusetzen sollten. (Die Liste gibt Ihnen auch eine genaue Beschreibung der Funktion der einzelnen Vitamine und Mineralstoffe).

Vitamine	**Funktion**
Vitamin A (Karotin)	Wichtig für normales Wachstum, die Struktur und Funktion der Haut, und die Gesundheit der Augen.
Vitamin B1 (Thiamin)	Wichtig für das Wachstum und die richtige Funktion des Herzens, der Muskeln und Nerven. Wirkt auch auf den Stoffwechsel.
Vitamin B2 (Riboflavin)	Notwendig für das allgemeine Wohlbefinden, sowie für die Gesundheit der Augen, des Mundraums und der Haare.
Vitamin B3	Wachstum von allen Geweben und Gesundheit von Haaren und Haut.
Vitamin B6 (Pyritoxin)	Proteinstoffwechsel. Richtige Funktion der Muskeln und Nerven. Gesundheit der Haut.
Vitamin B12	Proteinstoffwechsel. Gesundheit der Haut und Nervenfasern.
Biotin	Gesundheit der Haut und richtige Funktion der Nerven und Muskeln.
Cholesterin	Wesentlich für die gesunde Funktion der Leber. Verhindert den Aufbau von Fettsäuren im Körper.
Folsäure	Wesentlich für die Bildung der roten Blutkörperchen und für das Zellwachstum und die Zellteilung.
Paraamino-benzoesäure	Unterstützt die Bildung der roten Blutkörperchen und Bakterien, die zur Bildung von Folsäure notwendig sind.
Inositol	Notwendig für die gesunde Leberfunktion. Verhindert den Aufbau von Fettsäuren.
Niazin	Gesundheit der Haut. Funktion des Magens, Darms und der Nerven.
Vitamin C	Fördert die Zellaktivität. Gesundheit der Zähne und des Zahnfleisches.

Vitamin	Funktion
Vitamin D	Aufbau der Knochen und Zähne. Regulierung des Kalzium- und Phosphorstoffwechsels.
Vitamin E	Für die Funktion der Nerven und Muskeln und der normalen Fortpflanzung.
Vitamin F	Blutgerinnung. Wichtig für die normale Drüsenaktivität.
Vitamin K	Wichtig für die Blutgerinnung.

Spurenelemente	Bedeutung
Kobalt	Zur Erhaltung der roten Blutkörperchen.
Kupfer	Bildung der roten Blutkörperchen.
Jod	Reguliert den Stoffwechsel. Unterstützt die richtige Funktion der Schilddrüse. Verhindert Gicht.
Eisen	Hämoglobinproduktion. Unterstützt das Wachstum.
Zink	Insulinsynthese. Notwendig für die männliche Samenflüssigkeit. Unterstützt Heilungsprozesse.

Mineralstoffe	Bedeutung
Kalzium	Wichtig für kräftige Knochen und Zähne. Unterstützt die Funktionen des Herzens, der Muskeln und Nerven. Unterstützt die Blutgerinnung.
Chlor	Reguliert das Säure-Basengleichgewicht des Körpers. Unterstützt die Verdauung.
Magnesium	Unterstützt den Körper bei der Verarbeitung von Fetten, Kohlehydraten, Proteinen und anderen Nährstoffen.
Phosphor	In Verbindung mit Kalzium trägt es zur Stärkung der Knochen und Zähne bei.
Kalium	Unterstützt die richtige Funktion der Nieren, Nerven und Herzmuskeln.
Natrium	Wichtig für die richtige Funktion von Muskeln, Nerven, Blut und des lymphatischen Systems.
Schwefel	Unterstützt die Bildung von Gewebe.

Allergien

Es ist sehr schwierig und oft ein ungenauer Prozeß, mit Hilfe des Pendels herauszufinden, auf welche Substanz man allergisch ist. Die Liste der Stoffe, auf die man möglicherweise allergisch reagiert, ist endlos, weshalb es keine Garantie gibt, daß Sie zu der richtigen Schlußfolgerung gelangen. Jedoch gibt es Hunderte von dokumentierten Fällen, wo ein Patient tatsächlich in der Lage war, die Ursache seiner Allergie mit Hilfe eines Pendels herauszufinden.

Es ist wahrscheinlich ratsam, diesen Prozeß in zwei Schritten durchzuführen. An erster Stelle ist es notwendig zu entdecken, ob die allergische Reaktion aufgrund eines Stoffes hervorgerufen wird, den Sie innerlich eingenommen haben, mit dem Sie also in direkten körperlichen Kontakt kommen oder etwas, das in der Atmosphäre ist. Dies verhilft Ihnen zumindest dazu, die Anzahl der Möglichkeiten zu reduzieren, wenn es darum geht, eine detailliertere Untersuchung durchzuführen.

Für den Anfang brauchen Sie daher eine etwas erweiterte Version eines einfachen Diagramms, das Sie hier abgebildet finden. Sie können diese Zeichnung entweder auf ein Stück Papier malen oder, wie mancher bevorzugt, drei separate kleine Schachteln verwenden, die Sie auf einen Tisch oder eine andere ebene Oberfläche legen.

Innerlich verabreichte Substanzen	**Substanzen, mit denen man in körperlichen Kontakt kommt**	**Substanzen in der Atmosphäre**

Halten Sie Ihr Pendel in der Hand und lassen Sie es in der neutralen Nord/Süd-Richtung über jeder Schachtel ausschwingen. Sobald es das tut, fragen Sie, ob Ihre Allergien durch die Substanzen ausgelöst werden, die von jeder einzelnen Schachtel angezeigt werden. Es ist ratsam, den Prozeß mit allen drei Schachteln zu wiederholen, wenn Sie eine positive Antwort auf

Schachtel Nummer 1 erhalten, da es natürlich möglich ist, daß Sie auf mehr als einen Stoff allergisch reagieren.

Wenn Sie festgestellt haben, auf welche Gruppe oder Gruppen von Substanzen Sie allergisch sind, besteht der nächste Schritt darin, zu versuchen, diese Gruppen etwas einzuengen. Um dies zu tun, brauchen Sie eine Liste von Substanzen, die unter die drei Obergruppen fallen und Sie überprüfen jeden Stoff auf dieser Liste einzeln mit Ihrem Pendel, um festzustellen, ob Sie ein positives oder negatives Ergebnis erhalten. Die nachfolgenden Auflistungen sind einzig und allein als Start für Ihre Untersuchungen gedacht – natürlich werden sie sich von Mensch zu Mensch unterscheiden. Jedoch enthalten sie die häufigsten Ursachen für Allergien.

Innerlich verabreichte Substanzen

Milch
Eier
Zucker
Weizen
Salz
Koffein
Milchprodukte
dunkles Fleisch
weißes Fleisch
Fisch
Alkohol
Medikamente

Substanzen, mit denen man körperlich in Kontakt kommt

Staub
Gras
Tierfell
Kosmetika
synthetische Fasern
Wolle

Stoffe in der Atmosphäre

Rauch
Staub
Pollen

Überprüfen von Blockaden der Chakras

Für die optimale Funktion des mentalen, physischen und spirituellen Selbst ist es notwendig, daß alle Chakras frei von Blockaden sind. Eine der Hauptschwierigkeiten besteht jedoch darin – besonders für jemanden, der mit der Chakraarbeit noch nicht besonders vertraut ist –, daß nicht leicht zu bestimmen ist, wo sich die Blockierung im Körper nun genau befindet. Selbst wenn

Sie sicher sind, daß ein bestimmtes Chakra (oder möglicherweise auch mehrere) nicht so funktioniert, wie es eigentlich sollte, kann es sehr verwirrend sein, wenn man die Ursache der Blockierung herauszufinden versucht, weil die Chakras so eng miteinander verbunden sind. Das ist ein Gebiet, wo das Pendel von unschätzbarer Hilfe sein kann – besonders wenn es sich um einen Quarzkristall handelt. Ihr Unterbewußtsein weiß, wo die Chakrablokkade liegt, selbst wenn es Ihnen nicht bewußt ist. Und da die Bewegung des Pendels in der Tat von Ihrem Unterbewußtsein gelenkt wird und der Quarzkristall Ihre eigenen, natürlichen Gedankenprozesse verstärkt, können Sie ausgesprochen klare Informationen darüber erhalten, wo die Chakrablockade liegt.

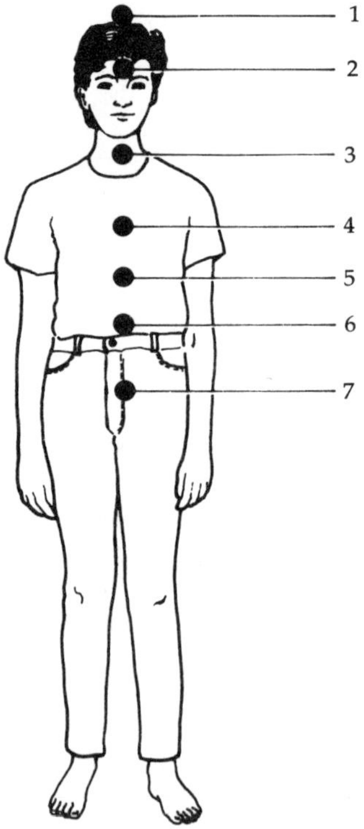

Abb. 27: Chakrapunkte

Benutzen Sie hierzu Abbildung 27. Halten Sie Ihr Pendel in der einen Hand und berühren Sie mit Ihrem zweiten Kristall nacheinander die verschiedenen Chakras. Nun müssen Sie nur noch fragen, ob ein Chakra offen oder blockiert ist und Sie werden eine konkrete Antwort erhalten. Danach können Sie die Methode verwenden, die in Kapitel 3 beschrieben ist, um das Chakra zu öffnen, so daß das ganze Chakrasystem optimal funktioniert.

Auswahl des richtigen Edelsteins zur Heilung

In Kapitel 2, das von Edelsteinen und Kristallen und ihrer Verwendung bei der Heilung handelt, gibt es eine Auflistung, welcher Edelstein für welche Krankheit oder welchen Körperteil geeignet ist. In vielen Fällen ist sich der Betreffende jedoch bewußt, daß er wissen sollte, in welchem bestimmten Körperbereich er Probleme hat. In diesen Fällen kann es sich oft als hilfreich erweisen, ein Pendel zu benutzen, um den Edelstein auszuwählen, der sich bei der Heilung dieses Menschen am wirkungsvollsten erweisen wird. Natürlich sollte man daran denken, daß das Heilen mit Kristallen oder Edelsteinen nur dazu dient, Behandlungen von einem Heilpraktiker oder Schulmediziner zu unterstützen, nicht um diese Behandlung zu ersetzen.

Zeichnen Sie eine Tabelle, wie Sie in Abbildung 28 dargestellt ist. Legen Sie in jeden Abschnitt einen Heilkristall, der in der Liste, beginnend auf Seite 37, beschrieben wurde. Wenn Sie die verschiedenen Kristallarten, die in dieser Liste erwähnt werden, nicht zur Verfügung haben, könnten Sie denselben Effekt erzielen, wenn Sie den Namen jedes Edelsteines deutlich in jedes Kästchen schreiben. Benutzen Sie Ihr Pendel, indem Sie es der Reihe nach über jedem Kästchen ausschwingen lassen, um herauszufinden, welcher Kristall im vorliegenden Fall am geeignetsten ist. (Natürlich sollten Sie nicht vergessen, daß mehr als ein Kristall notwendig sein kann, weshalb Sie alle Kästchen überprüfen sollten, selbst wenn Sie bereits eine positive Antwort erhalten haben.)

Achat	Amazonit	Amethyst	Aquamarin
Aventurin	Azurit	Bernstein	Beryll
Chalzedon	Chrysokoll	Chrysopras	Diamant
Falkenauge	Granat	Hämatit	Heliotrop
Jade	Jaspis	Jett	Karneol
Katzenauge (Chryoberyll)	Koralle	Lapislazuli	Magnetit
Magnetit	Malachit	Mondstein	Obsidian
Onyx	Opal	Perle	Peridot
Pyrit	Quarz	Rauchquarz	Rote Koralle
Rhodocrosit	Rosenquarz	Rote Koralle	Rubin
Rutilquarz	Saphir	Serpentin	Sodalith
Spinell (rot)	Staurolith	Tigerauge	Topas
Turmalin	Türkis	Zirkon	Zitrin

Abb. 28

Wie man verlorene Gegenstände wiederfindet

Nehmen wir einmal an, Sie haben irgendwo in Ihrer Wohnung ein Schmuckstück verlegt und wissen nicht, wo es sein könnte. Da wir auf einer unbewußten Ebene niemals vergessen, was wir tun, kann Ihnen Ihr Pendel dabei behilflich sein, diesen Gegenstand wiederzufinden. Beginnen Sie damit, die Zimmer Ihrer Wohnung oder Ihres Hauses auf ein Blatt Papier zu malen und überprüfen Sie jedes einzelne mit Ihrem Pendel, um herauszufinden, wo Sie mit Ihrer Suche beginnen sollen. Wenn Sie eine

Information erhalten haben, in welchem Raum sich Ihr Gegenstand befindet, zeichnen Sie den Raum und seine Einrichtungsgegenstände auf – so wie in Abbildung 29. Schließen Sie dann Ihre Augen und halten Sie Ihr Pendel über die Zeichnung, bis Sie feststellen, daß es in einer bestimmten Richtung, die einen bestimmten Bereich des Raumes anzeigt, auszuschlagen beginnt. Alles, was Sie nun tun müssen, ist in dem angezeigten Bereich zu suchen. Es dürfte keine Schwierigkeit bereiten, Ihr Eigentum dort wiederzufinden.

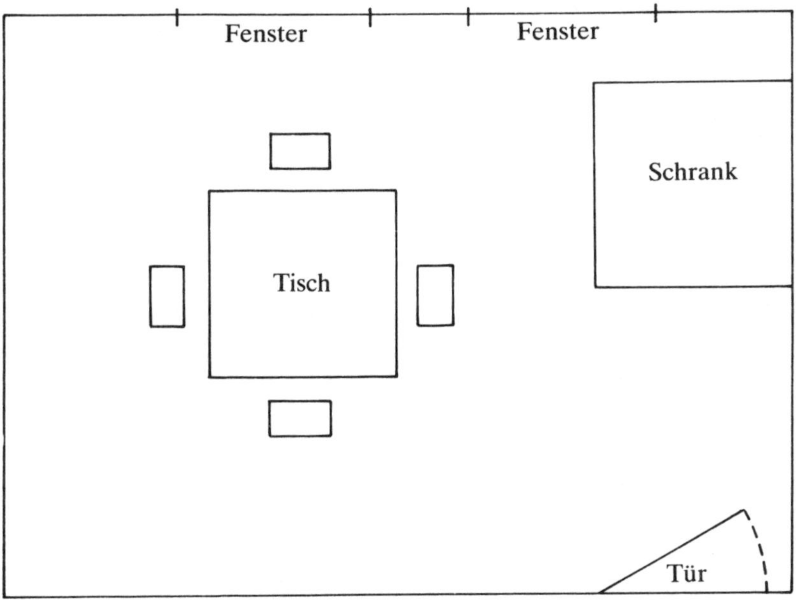

Abb. 29

Farbtherapie

Die Farbtherapie nach Max Lüscher, Rudolf Steiner, Isdore Friedman und anderen wird oft für eine Errungenschaft der Neuzeit gehalten, aber in Wirklichkeit ist sie seit Jahrtausenden bekannt, wenn auch nur in ganz bestimmten Kreisen.

Farbe ist eine Energie mit einer meßbaren Frequenz und Wellenlänge und kann die Menschen in vielen verschiedenen Weisen stark beeinflussen. Farbe kann Gefühle von Frieden und Heiterkeit hervorrufen. Sie kann die geistige Aktivität oder körperliche Energie anregen. Sie kann konkrete und erkennbare emotionale Probleme verursachen. Aber – und vielleicht ist das der wichtigste Punkt von allen – Farbe kann heilen. Jeder von uns besitzt eine Grundfarbe und Ihr erster Schritt besteht darin, zu entdecken, welche Farbe Ihnen entspricht. Schreiben Sie Ihren Namen auf ein Stück weißes Papier und zwar neben jede der sieben Spektralfarben – am besten benutzen Sie bei jeder Farbe auch den entsprechenden Farbstift.

rot
orange
gelb
grün
blau
indigoblau
violett

Wenn Sie nun im Stillen darum gebeten haben, Ihre Grundfarbe gezeigt zu bekommen, nehmen Sie Ihr Pendel zur Hand und lassen es der Reihe nach über jeder Farbbezeichnung und jeder Farbe ruhen. Sie werden feststellen, daß das Pendel über der einen Farbe stark und über einer anderen Farbe schwach ausschlägt; das zeigt Ihnen, welches Ihre Grundfarbe ist.

Wenn Sie erst einmal bestimmt haben, welches Ihre Grundfarbe ist, tun Sie gut daran, täglich Kleidung in dieser Farbe zu tragen oder sich mit dieser Farbe zu umgeben. Dies bedeutet nicht, daß Sie ins Extrem verfallen müssen und sich von Kopf bis Fuß in indigoblau kleiden müssen. Aber es ist notwendig, daß Sie ein Gespür für das richtige Maß haben. Es bedeutet, daß Sie sich wirklich besser fühlen, wenn Sie sich etwas mehr mit Ihrer Grundfarbe umgeben, falls Sie sich einmal körperlich oder geistig erschöpft fühlen sollten – selbst wenn Sie sich nur auf einen Streifen oder ein Stück Stoff in dieser Farbe konzentrieren.

Von Zeit zu Zeit ist es möglich, daß Ihnen eine oder mehrere Farben fehlen. Obwohl jeder von uns eine Grundfarbe hat, die ihm entspricht, ist unsere Aura doch aus allen Spektralfarben in unterschiedlichen Mengen zusammengesetzt. Wenn wir Mangel an einer oder mehreren Farben erleiden, stellen wir womöglich fest, daß wir uns schlecht gelaunt, deprimiert oder sogar unwohl fühlen – wir fühlen uns in der Tat »farblos«. Wenn Sie das Gefühl haben, daß das zu irgendeinem Zeitpunkt auf Sie zutrifft, benutzen Sie die Tabelle in Abbildung 30, um festzustellen, wo Ihr Mangel liegt. Lassen Sie das Pendel leicht über die Linie AB schwingen und bitten Sie es, Ihnen zu zeigen, welche Farben Ihnen fehlen. Sie werden feststellen, daß das Pendel seine Richtung ändert, so daß es entlang der Linie einer speziellen Farbe schwingt. Machen Sie sich ein Zeichen neben dieser Farbe und bitten Sie das Pendel dann, Ihnen zu zeigen, ob Ihnen noch andere Farben fehlen. Wiederholen Sie diesen Prozeß so lange, bis das Pendel wieder kontinuierlich über der Linie AB ausschwingt. Es ist nicht ungewöhnlich, daß Ihnen zwei oder sogar drei Farben fehlen. Dennoch ist es unwahrscheinlich, daß Ihnen mehr als drei Farben fehlen, außer es besteht ein sehr heftiges Trauma in Ihrem Leben.

Es gibt verschiedene Methoden, diese Farbmängel zu beheben, von denen nachfolgend einige aufgeführt sind. Wenn Sie an weiteren Informationen zu diesem Thema interessiert sind, möchte ich Ihnen die beiden Bücher »Farbheilung« von Mary Anderson oder »Der Lüscher-Farbtest« von Max Lüscher empfehlen.

- Schrauben Sie eine Birne von der geeigneten Farbe in eine Lampenfassung und setzten Sie sich jeden Tag eine Zeitlang darunter.
- Trinken Sie Wasser, das mit Farbe aufgeladen wurde – legen Sie einen Farbfilter über ein Glas Wasser und lassen Sie es mindestens zwei Stunden lang in der Sonne stehen, bevor Sie es trinken.
- Visualisieren Sie regelmäßig jeden Tag, wie die geeignete Farbe oder die geeigneten Farben in Ihren Körper einströmen, bis Sie Besserung verspüren.
- Konzentrieren Sie sich auf ein Stück Stoff oder einen Papierstreifen in der Farbe, die Ihnen fehlt.
- Lenken Sie Ihre Aufmerksamkeit auf einen Edelstein oder Kristall in der entsprechenden Farbe und nehmen Sie sich jeden Tag Zeit, über diesen Kristall zu meditieren.

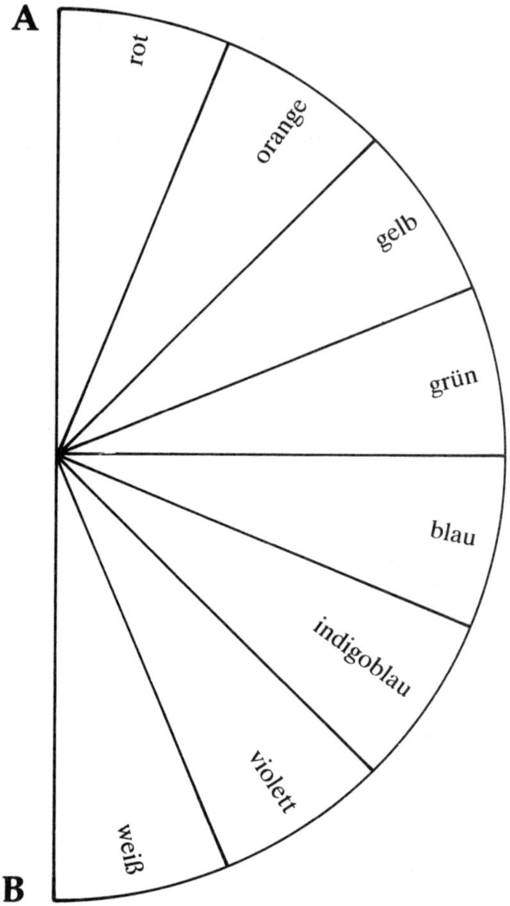

Abb. 30

Für welche Methode Sie sich auch entscheiden, wiederholen Sie diesen Prozeß drei Wochen lang täglich. Benutzen Sie am Schluß noch einmal Ihr Pendel um zu überprüfen, ob noch ein Farbmangel besteht. Nach dieser Übung müßten Sie feststellen, daß nun wieder alles in Ordnung ist. Wenn Sie jedoch zufällig immer noch das Bedürfnis nach ein wenig mehr Aufnahme einer bestimmten Farbe haben, fahren Sie mit dem Prozeß fort, bis Ihr Pendel anzeigt, daß die Farben Ihrer Aura gleichmäßig ausbalanciert sind.

10
Wie Sie Ihre eigenen Kristalle züchten können

Haben Sie jemals daran gedacht, zu Hause Ihre eigenen Kristalle zu züchten? Es ist nicht annähernd so schwierig, wie Sie es sich vielleicht vorstellen. Und obwohl Sie nicht genauso »natürliche« Kristalle hervorbringen werden, ist es doch etwas ganz besonderes, am Entstehen der eigenen Kristalle beteiligt zu sein. Damit wird Ihnen ermöglicht, sich mit Ihren »hausgemachten« Kristallen in einer Weise aufeinander einzustimmen, was niemals möglich ist mit Kristallen, die sie gekauft oder geschenkt bekommen haben.

Die gesamte Ausrüstung, die Sie für diesen Prozeß brauchen, finden Sie in Ihrem Haushalt; sonst können Sie die Gerätschaften auch sehr leicht erwerben. Die Kristalle wachsen in einer Wasserlösung bei normaler Raumtemperatur, so daß keine besonderen Bedingungen notwendig sind.

Ausrüstung

- Ein Kochtopf mit einem Fassungsvermögen von 1 Liter.
- Ein Glasgefäß mit einem Fassungsvermögen von 1 Liter.
- Ein flacher Glasteller.
- Wasser. Sie sollten destilliertes Wasser oder Quellwasser aus der Flasche verwenden (abgefüllt und ohne Kohlensäure) und kein Leitungswasser, da das Wasser so rein wie möglich sein sollte.
- Chemikalien. Eine detailliertere Beschreibung finden Sie in der nachfolgenden Liste. Achten Sie bitte darauf, daß einige dieser Chemikalien giftig sind und von Kindern, Haustieren und Nahrungsmitteln ferngehalten werden sollten. Zu diesem Zweck ist es auch sehr ratsam, die Töpfe, Gefäße usw., die Sie zur Herstellung der Kristalle verwenden, separat aufzubewahren.

Geeignete Chemikalien für die eigene Züchtung von Kristallen sind:

Kalium Alaun	Diese Chemikalie ist einfach anzuwenden und leicht erhältlich, da sie normalerweise zur Herstellung von Abbeizmitteln verwendet wird. Die gewachsenen Kristalle werden die Form eines Oktaeders annehmen.
Zucker	Zucker ist natürlich in jedem Haushalt vorrätig. Er bildet sehr leicht Kristalle, wahrscheinlich aber eher eine Kristallkette entlang einem Faden statt einer einzigen Kristallbildung.
Kupfersulfat*	Die Kristalle, die Kupfersulfat bildet, sind leuchtend blau.
Kaliumhexacyanoferrat (III)*	Die Kristalle, die von dieser Chemikalie gebildet werden, sind von einem tiefen Dunkelrot.
Kaliumhexacyanoferrat (II)*	Diese Chemikalie bringt zitronengelbe Kristalle hervor.
Rochellesalz	Diese Substanz bildet farblose, rechteckige Kristalle aus.

(Wenn Sie ansonsten farblose Kristalle färben wollen, fügen Sie der Wasserlösung einen Tropfen von der entsprechenden Nahrungsmittelfarbe bei, die zum Beispiel für Kuchenglasuren verwendet wird.)

Methode

1. Achten Sie darauf, daß alle Teller, Gefäße, Töpfe usw. sorgfältig gereinigt – und was noch wichtiger ist – gut abgetrocknet sind, da keine Reste von Fett oder Staub vorhanden sein dürfen, die die Bildung der Kristalle stören würden.

2. Füllen Sie den Topf mit Wasser und erhitzen Sie das Wasser, bis es etwas mehr als Raumtemperatur hat – aber bringen Sie es nicht zum Kochen. Rühren Sie ein wenig von einer Chemikalie

* giftig, wenn man es innerlich einnimmt.

Ihrer Wahl in das Wasser ein und rühren Sie so lange um, bis sie sich vollständig aufgelöst hat. Fügen Sie weiterhin kleine Mengen von der Chemikalie bei und rühren Sie, bis sich die Substanz vollständig aufgelöst hat. Schließlich werden Sie einen Zustand erreichen, wo das Wasser keine feste Substanz mehr aufnehmen kann (auf dem Boden des Topfes sollte ein Rest der Substanz sein).

3. Lassen Sie den Topf ungefähr 15 Minuten lang ruhen, damit sich die Substanz noch weiter auflösen kann. Die Partikel, die nicht mehr aufgenommen werden können, werden auf dem Topfboden bleiben.

4. Gießen Sie ungefähr eineinhalb Zentimeter von der Lösung aus dem Topf in die Glasschale. Stellen Sie die Glasschale an einen sauberen, trockenen Ort – unzugänglich für Kinder und Haustiere. Schütten Sie den Rest der Lösung in ein Glasgefäß, bedecken Sie es und stellen Sie es beiseite. Nach einigen Tagen werden Sie feststellen, daß sich auf dem Boden der Glasschale Kristalle zu bilden beginnen. Lassen Sie sie wachsen, bis sie ungefähr einen Durchmesser von einem halben Zentimeter haben.

5. Dieses Stadium erfordert Sorgfalt. Versuchen Sie die Kristalle, die sich auf dem Boden der Glasschale gebildet haben, nicht zu zerstören, während Sie sehr sorgfältig die Flüssigkeit aus der Schale abschöpfen. Schütten Sie ungefähr eineinhalb Zentimeter frisches, kaltes Wasser langsam über die neu gebildeten Kristalle in der Schale und gießen Sie die Flüssigkeit dann wieder ab. Nun lassen Sie die Kristalle an der Luft trocknen. Widerstehen Sie der Versuchung, sie in diesem Stadium anzufassen.

6. Waschen Sie Ihre Hände sorgfältig und trocknen Sie sie gut ab. Wählen Sie aus den Kristallen, die auf dem Boden der Schale gewachsen sind, einen aus, der Ihnen am größten und schönsten geformt erscheint. (Am besten einen, aus dem keine kleineren Kristalle herauswachsen.) Nehmen Sie ein Stück normalen, weißen Nähfaden und wickeln Sie ihn vorsichtig um den Kristall und verknoten Sie ihn. (Das ist ziemlich schwierig und Sie werden einige Versuche anstellen müssen.) Wenn die Form Ihres ausgewählten Kristalls dies unmöglich erscheinen läßt, müssen Sie

möglicherweise einen etwas kleineren Kristall aussuchen, der eine geeignetere Form besitzt.

7. Nehmen Sie nun das Glasgefäß mit der Lösung zur Hand, das Sie bedeckt und zur Seite gestellt hatten. Es kann sein, daß sich auf dem Grund des Gefäßes einige Kristalle zu bilden begonnen haben, obwohl das Gefäß bedeckt war. Leeren Sie den Inhalt des Gefäßes sehr vorsichtig in den sauberen Topf, wobei Sie darauf achten, daß Sie die Kristalle, die sich in dem Gefäß gebildet haben, nicht beschädigen. Entfernen Sie diese kleinen Kristalle nun von dem Gefäßboden, legen Sie sie zur Seite und spülen Sie das Glas in sauberem, frischem Wasser gut aus. Schütten Sie die Lösung nun aus dem Topf zurück in das Gefäß und schneiden Sie ein ausreichend langes Stück Faden ab, so daß der Kristall, wenn er aufgehängt ist, ungefähr fünf Zentimeter über dem Boden des Gefäßes in der Flüssigkeit schwimmt (vgl. Abb. 31). Binden Sie den Nähfaden an einen Bleistift oder einen kleinen Stock und legen Sie diesen über die Öffnung des Gefäßes, so daß der Kristall in die Flüssigkeit hineinhängt.

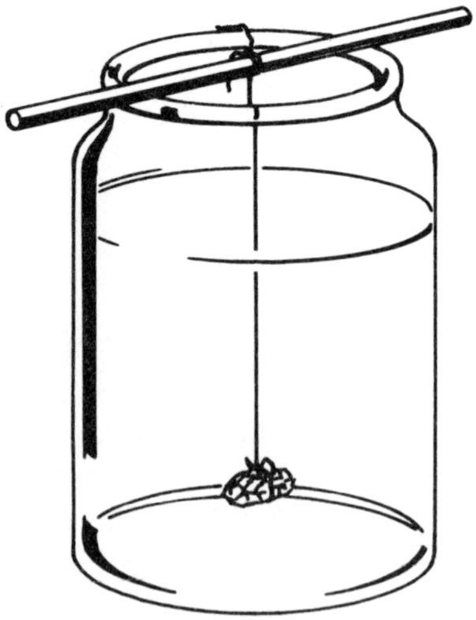

Abb. 31: Kristallbildung in einem Glasgefäß

8. Bedecken Sie das Gefäß mit Gaze oder irgendeinem anderen Stoff, der Staub abhält, und doch luftdurchlässig ist. Stellen Sie das Gefäß an einen Ort mit gleichmäßiger Temperatur. Wärme ist besser als Hitze, aber am wichtigsten ist die gleichbleibende Temperatur. Obwohl es einige Wochen dauern kann, bis sich ein Kristall von einem Durchmesser von ungefähr zweieinhalb Zentimetern bildet, werden Sie innerhalb von ein paar Tagen ein Wachstum feststellen können. Obwohl Sie vielleicht gerne beobachten wollen, wie der Kristall wächst, versuchen Sie nicht, das Gefäß zu berühren, da Bewegungen nur Ungleichmäßigkeiten in der Kristallform hervorrufen. Wenn Sie können, stellen Sie das Gefäß daher an einen Ort, wo Sie es betrachten können, ohne es bewegen zu müssen. Ein kleiner Kristall kann eine vollkommene Form besitzen, aber je größer er wird, um so mehr Unregelmäßigkeiten werden Sie feststellen. Schließlich reproduzieren Sie die Vorgänge der Natur – und vielleicht verhilft Ihnen dies dazu, die wahre Schönheit von großen, vollkommen geformten Kristallen wertzuschätzen.

9. Wenn Sie einen Kristall herstellen wollen, der größer ist als ungefähr zweieinhalb Zentimeter, müssen Sie eine zweite Lösungsmenge herstellen, mit der Sie die ursprüngliche Flüssigkeit ersetzen, die mittlerweile weniger geworden ist. Fassen Sie den Kristall nicht an, während Sie die Lösung erneuern, da das natürliche Fett, das in Ihrer Haut vorhanden ist, Unregelmäßigkeiten im Wachstum des Kristalls hervorruft. Nehmen Sie den Kristall aus dem Gefäß, indem Sie den Bleistift hochheben, hängen Sie ihn in der Zwischenzeit in ein leeres Gefäß, während Sie die Lösung aus dem Gefäß schütten, das Sie benutzt haben und dieses gründlich ausspülen und gut abtrocknen. Bereiten Sie die neue Lösung in derselben Weise zu wie zuvor beschrieben und, wenn sie sich etwas abgekühlt hat, schütten Sie diese neue Lösung in Ihr Glasgefäß. Nun nehmen Sie den Bleistift wieder hoch und hängen den Kristall wieder in das Gefäß mit der neuen Lösung und lassen ihn dort weiter wachsen. Wenn der Kristall größer wird, schreitet sein Wachstum langsamer voran.

10. Wenn der Kristall die gewünschte Größe erreicht hat, nehmen Sie ihn aus dem Glas und waschen ihn in kaltem Wasser,

bevor Sie ihn vorsichtig mit einem Papiertuch abtrocknen. Entfernen Sie den Nähfaden von dem Kristall. Da diese Kristalle wasserlöslich sind, sollten Sie sie an einem trockenen Platz aufbewahren. Kristalle, die mit dieser Methode hergestellt werden, sind auch sehr zerbrechlich und können leicht verkratzt werden; ansonsten können sie in der üblichen Weise gehandhabt werden.

Vielleicht wollen Sie verschiedene Kristalle gleichzeitig herstellen. In diesem Fall stellen Sie eine größere Menge der ursprünglichen Lösung her und benutzen mehrere verschiedene Gefäße, wobei Sie in jedes einen Kristall hängen. Es ist besser, jeden Kristall in einem separaten Gefäß wachsen zu lassen, da der Wachstumsprozeß extrem langsam vorangeht, wenn Sie mehrere Kristalle in ein Gefäß hängen, und die Erfolge sind alles andere als perfekt.

Natürlich besteht einer der Vorteile, seine eigenen Kristalle herzustellen, darin, daß Sie sie vom Augenblick ihres Entstehens an aufladen und programmieren können. Das kann den Effekt haben, den Kristall wirkungsvoller zu machen, für welchen Zweck auch immer Sie ihn benutzen wollen – und ganz gewiß haben Sie zu diesen Kristallen eine viel persönlichere Beziehung und sie sind viel mehr mit Ihnen, Ihren Wünschen und Absichten in Harmonie.

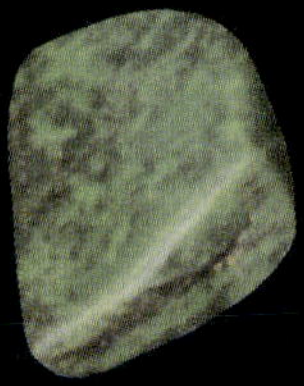

Hellgrüner
Jaspis

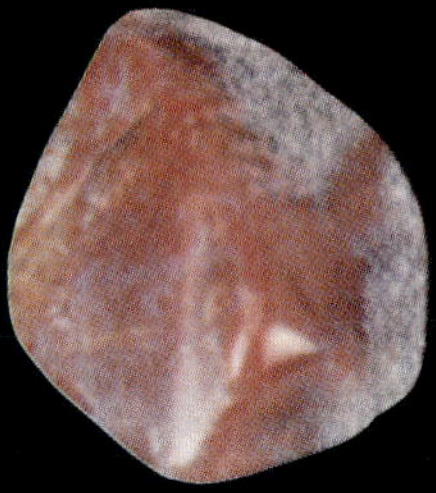

Rosa-grauer
Jaspis

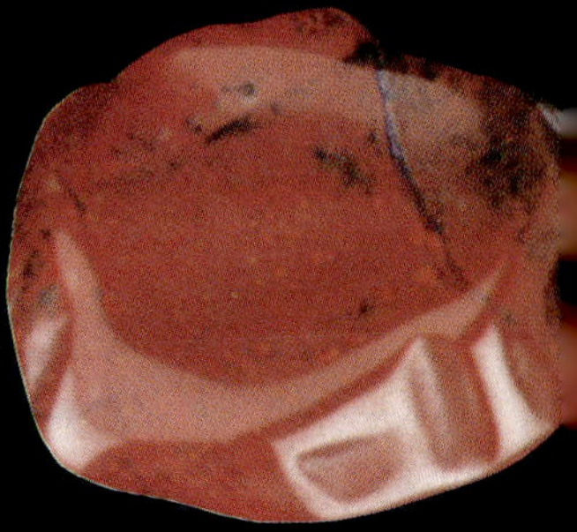

Roter Jaspis (Silex)

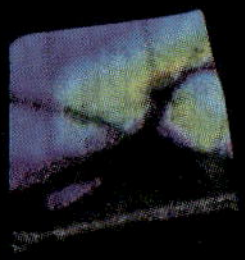

Labradorit

Moosachat

Pyrit

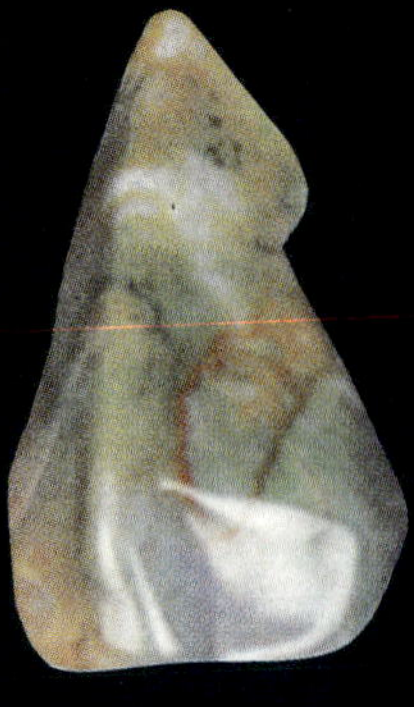

Purpurachat

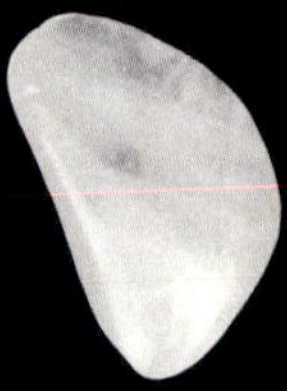

Rosenquarz

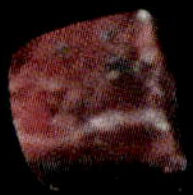

Rubin